自治体法務の基礎から学ぶ

財産管理の実務

「自治体法務ネットワーク」代表

［著］ **森 幸二**

ぎょうせい

はじめに

　自治体職員は、おおむね３年ごとに異動を繰り返します。そして、３年ごとに違う事務を担当します。

　自治体の事務は法律や条例などの法令に基づいています。よって、３年ごとに異動するということは、３年ごとに異なる法令を道具として、住民福祉の実現のためにしごとをすることを意味しています。

　しかし、その３年だけのために、一つひとつの法令の理解に取り組み、それを繰り返すことは、途方もない作業です。「今の３年」を繰り返すだけですね。

　一方で、どの法令にも、共通する考え方や原則があります。お城でいえば、基礎となる石垣の部分です。ですから、その石垣をしっかりと据えて、担当する法令を学ぶことによって、それぞれの法令の本当の意味を理解し、現在の努力を次の３年に活かすことができます。

　この本は、公の施設の管理を含む財産管理や債権管理、そして、公営住宅の管理を題材として、自治体職員としての「法的な石垣」をしっかりと据えることを目的としています。
　財産管理を担当する３年間を、「今の３年」だけではなく、みなさんの「次の３年」に、また、「将来の３年」に役立て、さらには、「今までの経験を法的な経験に仕立て直す」ための本です。

　財産管理の担当者だけではなく、債権管理や公営住宅の担当者、そして、すべての自治体職員のみなさんに役立つように、大切に創りました。
　『自治体法務の基礎と実践〜法に明るい職員をめざして〜』『自治体法務の基礎から学ぶ指定管理者制度の実務』の続編でもあります。この本で、法に明るい職員になりましょう。

2022年２月

森　幸二

目　次

はじめに

i

Step 2　財産管理の理解を深める　債権管理のしくみを学ぼう

Step 3 財産管理の理解を「公営住宅の管理」に落とし込んで考えよう

凡　例

○本書では、法令を以下の略称として解説した。

・地方自治法　⇒　自治法
・地方教育行政の組織及び運営に関する法律　⇒　地教行法

Step 1

財産管理のしくみを理解しよう

第1章　財産の区分

　自治体の「財産」とは、自治体が所有する物や一定の範囲の権利を指します。土地や建物の不動産、つまり、公有財産だけが財産ではありません。また、「公の施設」は財産とは、別の概念です。しかし、実務上、財産管理の事務における「財産」とは、主に土地と建物を指します。また、公の施設としての管理も含めて「財産管理（の事務）」と呼んでいます。よって、本書でもそれに倣います。

1　自治体における財産の区分

　自治体の財産については、次のような考え方で管理されます。

①　社会一般や民法では、財産の範囲に含まれるものの中から、自治体においては、他の財産とは別の規程で管理すべきものを「財産」の範疇から除き、自治体固有の概念としての「財産」を定義する。

②　そのうえで、「財産」を一定の種類ごとに区分する。

　地方自治法（以下「自治法」）の規定では、①の考え方によって、社会的には財産であると認識されている現金（お金）を、財産の定義から除いています。公金の取扱いは他の財産とは別に行われるべきだとされているのです（自治法235条以下）。また、債権（人に対する権利）を金銭債権（金銭を得ることができる権利）だけに限定しています（同法240条1項）。

　そのうえで、財産を公有財産、物品、債権、基金に分けています（同法237条）。

　財産の中でも、経済的価値が高く、多くの住民が使用・利用する土地や建物（狭義の、実務上の「財産」）の管理が、自治体の財産（広義の、本来的な）管理の中で最も重要となります。

　この自治体が所有する土地や建物（不動産）は、公有財産に属します（同法238条1項1号）。さらに、公有財産は、その所有目的によって、行政財産と普通財産に区分されます（同法238条3項、4項）。

表1　自治体における財産の区分

区分	主なもの
公有財産	不動産（土地や建物）、船舶、地上権、著作権
物品	机、椅子、パソコンなどの動産。公有財産と一体に使用される物品は、物品ではなく公有財産の一部
債権	金銭を得る権利＝金銭債権。例：使用料債権
基金	特定の目的や運用のための積立

表2　公有財産（土地・建物）の区分

		属性	例
公有財産	行政財産	公共用（住民用）	公の施設の敷地・建物など
		公用（事務執行用）	庁舎、事務所、出張所、支所
	普通財産	未利用のもの	跡地、売却用地
		公共用・公用でない用途	道の駅、物産館、競艇場

（1）行政財産

　住民の利用のため（公共用）又は自治体の業務（公用）のために管理されている（されるべき）財産です。

● 　公共用のための財産

　住民が利用するために管理される財産。図書館、体育館、住民センター、公園、道路などの公の施設のための財産。公の施設における物的な要素

● 　公用のための財産

　自治体の事務を行うために管理される財産。市役所、役場、支所など。いわゆる庁舎

（2）普通財産

　使用していない財産や公共用又は公用以外の目的で使用される財産です。

● 　使用していない、使用目的が決まっていない財産

　空き地、売却用地

● 　公用や公共用以外に使用している財産

　観光施設、道の駅、競輪・競艇場など

　自治体が所有する土地や建物（公有財産）が、それぞれ行政財産であるか、あるいは普通財産なのかは、意図的に決定することではなく、その財産の所有目的に従って自ずと決まります。

　よって、公の施設を廃止した後、建物と土地をそのまま行政財産として管理している場合については、「普通財産にしていない」のではなく「行政財産から普通財産に変わっているのに（そのように管理すべきなのに）、それに伴う台帳整理を行っていない」ことになります。

　ただし、普通財産のうち、観光施設、道の駅、物産館などは、観光客の利用（休憩、観光）よりも住民の利用（物販）が主であると評価したうえで、公の施設として管理するために、行政財産に区分することもできます。財産管理制度において、解釈・運用が適法に分かれる部分です。実際にも、行政財産（公の施設としての）としている自治体と普通財産として管理している自治体とがあります。

　このように、一定の場合は、財産区分についての判断が必要となることがあります。

　民法の売買についての規定です。

〇民法

　（売買）

第555条　売買は、当事者の一方がある財産権を相手方に移転することを約し、相手方がこれに対してその代金を支払うことを約することによって、その効力を生ずる。

　「物」ではなく、「（物の）財産権（権利）」と「代金」との交換が「売買契約」であるとされています。財産権とは、ここでは、売買の対象となった物の所有権を指しています。例えば、パソコンの売買契約においては、「パソコンとお金」の交換ではなく、「パソコンの所有権とお金」の交換が行われるということなのです。

　では、この「法律行為の対象は、物ではなく、物の所有権である」という考

え方が、民法において貫かれているでしょうか。

〇民法（一部略。下線は筆者）

（相続の一般的効力）

第896条　相続人は、相続開始の時から、被相続人の<u>財産に属した一切の権利</u>義務を承継する。ただし、被相続人の一身に専属したものは、この限りでない。

（祭祀に関する権利の承継）

第897条　系譜、祭具及び墳墓の<u>所有権</u>は、前条の規定にかかわらず、慣習に従って祖先の祭祀を主宰すべき者が承継する。ただし、被相続人の指定に従って祖先の祭祀を主宰すべき者があるときは、その者が承継する。

（遺産の分割の基準）

第906条　遺産の分割は、遺産に属する<u>物又は</u>権利の種類及び性質、各相続人の年齢、職業、心身の状態及び生活の状況その他一切の事情を考慮してこれをする。

相続に関する規定です。法律行為（権利や義務を移動させる行為）という点では、相続も売買と同じです。民法896条や897条では、売買について規定した同法555条のように、相続の対象が物（祭具など）ではなく権利であるというきちんとした考え方が伺えます。同法897条では、「系譜、祭具及び墳墓」ではなく、「系譜、祭具及び墳墓の所有権」が相続の対象であると規定しています。

しかし、同法906条では、物と権利とが混在しています。相続の対象は所有権です。家ではなく家の所有権です。よって、「物又は」は不必要なはずです。

では、同じ視点で地方自治法の財産管理の規定を確認します。

〇地方自治法（一部略）

（公有財産の範囲及び分類）

第238条　この法律において「公有財産」とは、普通地方公共団体の所有に属する財産のうち次に掲げるもの（基金に属するものを除く。）をいう。

一　不動産

二　船舶、浮標、浮桟橋及び浮ドック並びに航空機

四　地上権、地役権、鉱業権その他これらに準ずる権利

「法律行為の対象は物ではなく、権利である」という考え方に従えば、自治法238条１項１号の「不動産」は、「不動産の所有権」と規定すべきであると考えられます。同項２号も同様です。

● 「法的な考え方」と「実感」

　法的にどうであるかは別として、私たちの実務や社会生活においては、所有権の存在を物とは別に意識することは稀です。生活実感では、やはり、売買とは権利ではなく端的に「物の売り買い」に過ぎません。

　ですから、民法906条についても、「遺産」において権利と物とを（あえて？）混在させていることが、積極的な意味を持っていると考えられます。なぜなら、同条は農地を後継者に与え、土地の賃借権をそこに家を建てている子に与えるなど、相続の当事者の現状や実感に合った相続を指示しているからです。

　そこでは、法的な考え方に従って相続の対象をすべて「権利」とするよりも、土地や祭具などの物については、「権利（所有権）ではなく物を相続するのだ」と考えたうえで、賃借権などの債権を権利と捉え、「物又は権利」と規定した方が相続の具体な対象をイメージしやすく、同条の趣旨がよく伝わります。

　自治法238条についても、法律行為を前提としたものではなく、管理のための規定なのでこれでよいとも考えられます。

　しかし、このような「権利と規定すべきものをあえて物と規定する」ことによってもたらされた効果は、意図したものであるかどうかは分かりません。単に本書の深読みであり、権利と物の区別がつかないまま条文を編んだ可能性もゼロではないのです。

　法律の条文とは、制約された能力と情報、そして、個人的な考えを持たざるを得ない誰か（その意味では私たちと同じです。）が作ったものであり、さらには、容易には変更されないものであるということを民法906条と自治法238条の規定は実証しているのかもしれません。

　法務を学ぶときは、数学などの自然科学のような絶対的な真理ではなく、「誰かが考えたもの（法の原則）」や「誰かが創ったもの（法令）」がその対象であり、その「誰か」の能力は、学ぶ側の自治体職員のそれと相対的な違いしかないのだということを心に留めておいてください。

　「法的、論理的におかしい」、「こう規定した方がもっとよい」、「つじつまが合わない」と批評すべき（できる）法律の条文は、比較的多く存在します。

　公の施設や行政財産についての「命名権（ネーミングライツ）」なるものを販売している自治体があります。

　「命名権」という権利は、民法にも自治法にもありませんし、仮に、これが公の施設の構成要素である土地や建物（行政財産）についての権利、つまり、物権を意味する「命名権設定契約」であれば、無効です（民法175条）。

　「ネーミングライツ」とは、権利の売買ではなく、おそらく、「一定の対価を支払うことで、自治体において、公の施設に企業の名前を掲示し、その公の施設について広報する場合は、必ずその企業名を使用する。」という類の契約でしょう。売買契約ではなく、準委任契約であると考えられます。

　私は、この契約がいくつかの自治体で始まったころ、目論見は絶対に成功しないと考えていました。

　契約の当事者は、あくまで自治体とその民間団体です。それ以外の者は、一切、拘束しません。ですから、住民やマスコミには、「○○（企業名）スタジアム」などと呼ぶ義務はありません。よって、特に某放送局などは、きっと条例上の正式名称でしか放送しないだろうし、住民も日常において、特定の企業名を冠して呼ぶことに面倒さや違和感や場合によっては嫌悪感を持つのではないかと考えたからです。

　にもかかわらず、ネーミングライツは、（場合にもよりますが）定着しているようです。ＮＨＫもそれを使って放送します。しかし、結果としてうまくいってはいますが、「命名権（ネーミングライツ）売買」のしくみは、法的には、安定性の低いものです。

2　公の施設

　自治体の財産管理においては、「財産」とは別に、「公の施設」という概念や「公の施設であるかどうか」という区分が存在します。

　具体的には、公民館、図書館、プール、学校、病院そして、公営住宅などの住民の利用のために設置管理されている施設のことです（自治法244条）。上下水道施設も公の施設に含まれます。

「施設」とは、本来、事業や機能を基準とした用語です。物的なものに限られません。補助金や給付金、あるいは、講師や資格者を派遣する事業などを提供する制度も、住民のための施設です。

　施設とは、「しくみ」や「機能」のことであり、住民から見れば、「サービス」のことであると理解してもかまいません。

　よって、「公の施設」とは、公営住宅などの物理的な土地や建物（そのものだけ）を指すのではなく、その土地や建物を、特定の目的（例えば公営住宅のため）を定めたうえで、住民に平等に利用させるしくみ（システム）全体を指します。「物的（な要素を持った）施設」という意味です。

　公の施設のために管理される自治体が所有する土地や建物は、公有財産の中の行政財産に当たります。

公の施設の意味

　「行政財産」も「公の施設」も自治法に定義があります。そのうち、行政財産は、不動産などの物的で可視的な存在です。対象を定義することによって完全に補足することができます。自治法238条4項は、正に「定義」です。

　一方で、「公の施設」は、機能や役割を指します。物的なものではなく不可視的なものです。目の前にある図書館の土地と建物は、公の施設としての図書館の一部（物的要素の部分）なのです。

　よって、「公の施設」の内包として規定されている「住民の福祉を増進する目的をもってその利用に供するための施設」（同法244条1項）は、法的には定義と呼ばれるものであっても、実質的には「概念」に過ぎません。論理や視覚で補足できるものではないからです。

　公の施設を見たことのある人は誰もいません。図書館を写真で撮影しても、そこに映っているのは行政財産です。あえていえば、図書館で起こった一日のできごとをビデオカメラで録画したものが、かろうじて公の施設を表している、ということになります。

○地方自治法（一部略）

（公の施設）

第244条　普通地方公共団体は、住民の福祉を増進する目的をもつてその利用に供する
　　ための施設（これを公の施設という。）を設けるものとする。

3　財産と公の施設との関係

　図書館、体育館、公園、道路などを、所有という基準で評価すると「財産
（行政財産）」、そして、機能、役割、そこで行われる事業から評価すると「公の
施設」となります。

　よって、公の施設は、それが、自治体の所有であれば、「行政財産」と「公
の施設」との2枚の看板を掲げられているイメージになります。

　物理的には（見た目には）1つの公の施設であっても、法的には行政財産と
公の施設との2つの性格を持っており、それぞれについての制度が適用される
のです。

　例えば、行政財産としての「図書館」とは、図書館の土地と建物のことです。
一方で、公の施設としての図書館とは、図書館の土地と建物を開館時間や利用
のルールを決めて、住民が利用できるようにする機能やしくみのことです。

　「図書館を利用する」とは、図書館という建物を使うことではなく、図書館
という給付（サービス）を利用するという意味になります。図書館の敷地と建
物は、公の施設としての図書館の物的要素であり、図書館そのものではありま
せん。

　よって、図書館の（建物の）中で行われる事業や催しは、「図書館で行う」で
はなく、「図書館は行う」と表現されることになります。この点については、
各自治体の公の施設の設置管理条例を確認してみてください。

　また、行政財産だけではなく、住民の利用のために用意されている物であれ
ば、建物としての公の施設の中で利用に供される物は別として、単独で管理さ
れている物品も、公の施設の構成要素となります。実際には、乗合いバス、ト
ラクター、貸出し用の軽自動車などの例があります。

表3　行政財産と公の施設との関係

	財産区分	公の施設の要素
土地	公有財産（行政財産）	○
建物	公有財産（行政財産）	○
器具（机、椅子など）	物品	○

表4　行政財産と公の施設についての適用法令

	自治法		個別管理法
	行政財産の規定	公の施設の規定	公営住宅法
行政財産	○		
公の施設	○	○	
公営住宅	○	○	○

裁判例における公の施設の基準

　道の駅や物産館などの住民の利用と観光客の利用とが混在する公有財産については、住民の利用が主であると評価すれば公の施設としての行政財産に、観光客の利用が主な目的であると捉えれば、普通財産として区分すべきことになります。いくつか実際の例を挙げます。

　岡山県倉敷市にあった、同県所有のテーマパーク「チボリ公園」について、公の施設としていないことの適法性が問われた裁判においては、次の理由で普通財産であると判断されました。

● 利用者の多くが観光客であり、住民利用施設としての実態が小さい。

● 入場料が千円単位であり、公の施設としては高額である。

　一方で、大分県の旧挾間町にあったキャンプ場的な体験学習施設「陣屋の村」が公の施設としてふさわしいものであるかどうか（不要なものではないのか）が争点の一つとなった裁判においては、「利用者の大半が隣の大分市の住民であり、同町の住民の利用は相対的にはごくごく少数である。しかし、同町の人口が数千人であり、大分市の人口が数十万人であることを勘案すると、挾間町の住民のための施設であると判断できる」とされています。

　住民が公の施設かどうか自体を裁判で争うことはできません。「特定の人の権利や義務に関する事柄である」という事件としての法的な主観性や具体性がないからです。いずれの裁判例も住民訴訟という違法不当な公金の支出を住民

が訴えることができる特殊な類型の訴訟（客観的訴訟）において、「公の施設かどうか」が争点として設定されたものです。

道の駅や物産館については、公の施設としている自治体よりも普通財産として管理している自治体のほうがやや多いようです。

道の駅や物産館を、主に住民、つまり、販売のために商品を持ち込む生産者や小売商のための施設であると位置付けるならば、公の施設になります。そうではなく、観光客の購買や娯楽、休憩のための施設であるとすれば普通財産で管理することが適当でしょう。

なお、普通財産とした場合には、指定管理者制度によって、管理を委託することができなくなります。

表5　道の駅・物産館における管理形態

	公の施設	普通財産
管理規程	条例	規則、要綱など
主な利用者	住民（販売者）	観光客
財産区分	行政財産	―（普通財産）
利用関係	使用許可	貸付契約
利用の対価	使用料又は利用料金	貸付料
委託形態	指定管理者制度又は業務委託契約	業務委託契約
委託の範囲	・指定管理の場合、使用許可を含む管理全般。ただし、個別法がある場合、許可権限は委託不可。 ・業務委託の場合、許可は委託不可。	・貸付契約の権限は委託できない。

行政財産ではない公の施設

公の施設の敷地や建物は、それが自治体の所有であれば、公有財産の中の行政財産に区分されます。

しかし、民間団体などから、土地や建物を賃借あるいは使用貸借して公の施設に用いている場合は、当然、その土地や建物は、公の施設の物的要素であっても、自治体の財産（行政財産）ではありません。

よって、自治法の行政財産に関する規定、主なものとしては、行政財産の使用許可や貸付の制度は適用されません（自治法238条の4第2項4号及び7項）。自

販機の設置などを行わせる場合は、賃貸借契約（いわゆる「又貸し」）によることになります。

　その敷地を民間団体や個人から廉価や無償で借りた場合に、公の施設の経営に、提供者が介入しようとする（強く意見する）例があります。もとより、聞き入れる義務や必要性など全くありません（聞いてはいけません。）が、事実上、一定の（面倒な）対応が必要となるでしょう。

　また、土地と建物の寄贈を受けて、公の施設としている例も少なくないようです。しかし、経営が成り立たなくなっても、廃止がしづらくなるなどの問題も発生しています。特に記念館的なものが多いようです。

　住民全体の福祉と自治体財政の健全化の観点から、篤志の真意や価値を見極めて、クールに対応することが求められます。なお、公の施設として管理することを前提として土地や建物（財産）の寄付を受けるに当たっては、議会の議決が必要です（自治法96条１項９号）。これは、条件付きの寄付を受ける場合、自治体の経済的な利益よりも、管理経費などの負担のほうが大きいことを意味しています。

　議会は住民総会に相当する機関・機能です。自治体の経営や住民生活に不利益を生じさせる事柄（例：使用料の減免。同項10号）について、長ではなく議会が決定する（住民みんなで、その「覚悟」を確かめ合う）機能を担っています。

　公営住宅の場合、公営住宅を構成する土地（敷地）や建物（住棟、集会所など）は、公有財産であり、その中の行政財産に当たります。また、公営住宅は、住民の利用のために設置されます。公営住宅は、「行政財産」であり、また、「公の施設」であることになります。廃止された場合は、当然に、普通財産になります。

　借上げによる公営住宅（公営住宅法９条ほか）は、自治体（事業主体）の所有ではないので、公の施設ですが、財産（自治体の所有物）ではありません。

　公営住宅には、公営住宅法のほか、自治法の公の施設や行政財産に関する規定が適用になります。効力としては、公営住宅に特化した法律である公営住宅法が自治法の規定に優先します。

　なお、敷地の一部を売却する場合は、あらかじめ、その区画を公営住宅用の行政財産から切り離して、単独の普通財産にします。

表6　公営住宅への適用法令

	一般の公営住宅	借上げによる公営住宅
公営住宅法	◎	◎
自治法の公の施設に関する規定	○	○
自治法の財産に関する規定	○	×

◎＝優先的に適用、○＝適用、×＝適用なし

4　財産管理の規程

（1）自治体の事務における条例事項と規則事項

　財産は、その区分ごとに規程を設けて管理されます。財産管理に限らず、自治体行政の各分野における必要な事項は、自治法や公営住宅法などの個別の管理法によって、次の2つに分けられています。

① 　条例で規定すべきとされている事項（条例事項）

② 　その他の規程で規定すべき事項（規則事項）

　条例は議会の議決によって制定されるので、相対的に重要なものが条例事項となります。ですから、条例事項は規則事項よりも少数であり、さらには、「○○については条例で定める。」のように積極的に条例事項であると法律で規定されているもののみが必要的な条例事項となります。

長の権限と条例事項

　自治体の事務の執行については、法律によって、長、教育委員会などの執行機関や企業管理者に、その権限が与えられています。よって、事務の執行において必要となる規程（何らかのルール）については、執行機関が定める規則や企業管理者の規程がその役割を果たすことになります。

　しかし、行政過程において重要と考えられる事項については、執行機関や企業管理者が自ら決定するのではなく、住民の代表の議論によって決定すべきであると考えられます。

　これは、町内会や自治会において、重要な事柄は会長ではなく、総会で決められることと意義は同じです。議会とは住民総会に相当します。議場にすべて

の住民が入ることができないので、代表を選んでいるのです。

「一般的な事項は規則や規程、重要事項は条例」、「条例で定める、とされている事項以外は基本的には規則事項」が、自治立法の基本的な原則です。

これとは別に分野・事項にかかわらず法的には定性的に最重要事項である「住民に義務を課すこと、権利を制限すること」は条例事項とされています（自治法14条2項）。

条例事項についての考え方

法律によって条例事項であるとされているもの以外の事項を条例で定めることができるでしょうか。法律によって、必要的な条例事項とされているものは次の二つに大きく分けることができます。

① 住民の権利や義務に直接かかわる事項

② それぞれの行政分野や行政過程において重要と考えられる事項

①は税の賦課や公の施設の許可などの行政処分の根拠です。住民の権利義務に関わる絶対的重要事項です。

②は、財産管理、債権管理、住宅管理などの自治体行政の各分野における相対的重要事項です。

法律で、すでに重要事項として条例事項が選択的に定められています。つまり、その分野において、法的には何が重要なのか（あるいはそうではないのか）がすでに価値付けられているのです。

よって、法律によって条例事項とされているもの以外の事項を規則ではなく条例で定めることは、「これが重要事項だ」と決めている根拠法（国民の総意）の考え方や価値判断を壊してしまうことになり、不適当であると考えられます。例えば、公営住宅法の中で、「条例で定める」とはされていない事項を規則ではなく条例で規定しようとすることに意味はありません。

また、条例は、議会が決定するものです。執行機関の側だけで制定できることを前提に、「条例にするかどうか」、「なるべく条例にすべき」という議論をしていないかどうか自省してみるべきだと指摘できそうな見解もみられます。

条例にするということは、その存在の成否や内容も含め、議会に委ねるということです。より見栄えの良い法形式で飾るということではありません。条例

にすることが定性的に正しいと主張する人は、条例を化粧箱やリボンのように考えているきらいがあります。

（2）財産管理における条例事項と規則事項

　財産管理の事務を行うために、決めておかなければならない事項には、主に次のようなものがあります。

①　使用手続き

②　利用の対価（対価）

③　利用の対価の減免（減免）

　この中で、特に重要なものが、行政財産、普通財産、それぞれに条例事項として定められています。また、行政財産が公の施設のために使用されるものである場合は、公の施設としての条例事項が別に定められています（自治法244条の2）。

（3）行政財産の管理規程

　②対価と③減免が条例事項で、①使用手続きが規則事項です（自治法228条1項、96条1項6号及び10号）。

　②対価は「使用料条例」、③減免は「財産の交換、譲与、無償貸付けなどに関する条例」、①使用手続きは「財産管理規則」や「財務規則」などで規定される場合が多くなっています。

　いずれも、一般的には、公の施設に使用される行政財産であるか、庁舎に使用される行政財産であるかを問わず、すべての行政財産に共通の規程が設けられます。財産ごとに管理のルールを違える理由が少ないからです。もちろん、各行政財産それぞれに別の規程（条例や規則）を定めてもかまいません。

　なお、①使用手続きについては、自治法や個別管理法によって、長、教育委員会又は企業管理者に管理権限が与えられています。また、特に条例事項とはされていません。

　よって、行政財産についての許可条件を定めた「行政財産管理条例」なるものを定める必要はありません。このような条例で定めることが、違法とまではいい切れませんが、法的には極めて「おかしな」条例となります。行政財産の

使用手続きは、規則事項です。

表7　行政財産の条例事項と規則事項

	ア　使用手続き	イ　使用の対価	ウ　減免
条例		○	○
規則	○		

（4）普通財産の管理規程

　③減免が条例事項で、①使用手続き及び②対価は規則事項です（自治法96条
1項6号）。

　いずれも、行政財産と同じく、③は「財産の交換、譲与、無償貸付けなどに
関する条例」で、①及び②は「財産管理規則」や「財務規則」で規定される場
合が多くなっています。

表8　普通財産の条例事項と規則事項

	ア　使用手続き	イ　使用の対価	ウ　減免
条例			○
規則	○	○	

（5）公の施設の管理規程

　①使用手続き、②対価及び③減免のすべてが条例事項です（自治法228条1項、
244条の2第1項、96条1項10号）。

　公の施設は、それぞれ設置目的や管理事項が異なるので、施設ごとに条例を
定めて、その中で、①使用手続き、②対価及び③減免の全部を規定することが
一般的です。「その施設の管理については、この条例を見れば分かる」という
一覧性を確保しているのです。この施設ごとの条例を、実務上、「設置管理条
例」と呼んでいます。

　公の施設の利用については、その対価として、使用料を徴収することができ

ます（自治法225条）。町村など公の施設が少ない自治体の中には、設置管理条例には使用料を規定せずに、すべての公の施設の使用料だけをまとめて、使用料条例として定めている例もあります。

表9　公の施設の条例事項と規則事項

	ア　使用手続き	イ　使用料	ウ　減免
条例	○	○	○
規則			

（6）行政財産の管理規程と公の施設の管理規程との関係

　行政財産のうち、庁舎は行政財産としての管理規程で完結しますが、公の施設として使用される行政財産（土地と建物）については、「公の施設としての管理」と「行政財産としての管理」の二つの管理規程が適用されます。

　公の施設については、公の施設として利用する場合と、行政財産として利用する場合が考えられ、それぞれの利用のルールが異なるからです。

　公の施設として利用する場合は、その公の施設の設置目的に従った一般的な使用許可に拠ります（自治法244条）。

　行政財産として利用する場合は、以下の二つです。ただし、②は公の施設の行政財産については、ほとんど当てはまりません。

① 　土地や建物の空きスペースにおける電柱や自販機などの使用許可。いわゆる「目的外使用許可」（同法238条の4第7項）。

② 　恒常的に未利用となっている部屋や余っている敷地のスペースの貸付（同法238条の4第2項4号）。

　公の施設としての利用は、「施設（機能）」が対象です。利用するために設置された公の施設を利用するという積極的な利用です。行政財産としての利用は、「土地や建物」の利用です。公の施設のための財産としての管理への支障の有無を勘案したうえで行わせる消極的な利用です。行政財産としての管理・利用の規程は、公の施設に用いるもの以外の行政財産、具体的には庁舎と共通のものとなります。

表10　公の施設に適用される規程

	公の施設についての規程	行政財産に適用される規程
自治体の所有	○	○
自治体の所有でない	○	×

道の駅や物産館の管理規程

　道の駅や物産館などの観光施設は公の施設としても、また、普通財産としても、どちらでも設置・区分することができます。

　普通財産に区分した場合でも、住民や観光客が利用するためのものであり、財産ごとに管理の在り方が異なります。

　よって、普通財産は、その典型である未利用地がそうであるように、一般的には、個々の財産ごとに別の規程を設ける必要はありませんが、道の駅や物産館などの場合は、公の施設の設置管理条例と同様の内容を持つ個別の規則か要綱を、その道の駅などごとに制定することになります。

（7）財産管理の規程（まとめ）

　財産管理についての規程をまとめると次のようになります。

表11　財産管理における規程（まとめ）

区分	許可・貸付条件	対価	対価の減免
公の施設	（使用許可） ・自治法244の2Ⅰ ・設置条例	（使用料） ・自治法228条Ⅰ ・設置条例	（債権放棄） ・自治法96条Ⅰ⑩ ・設置条例
行政財産	（使用許可） ・自治法238の4Ⅶ ・財産管理規則	（使用料） ・自治法228条Ⅰ ・行政財産使用料条例	（債権放棄） ・自治法96条Ⅰ⑩ ・行政財産使用料条例
行政財産	（貸付契約） ・自治法238の4Ⅱ④ ・財産管理規則	（貸付料） ・自治法238の4Ⅱ④ ・財産管理規則	（減免） ・自治法96条Ⅰ⑥ ・財産の交換、譲与、無償貸付け等に関する条例
普通財産	（貸付契約） ・自治法238の5Ⅰ ・財産管理規則	（貸付料） ・自治法238の5Ⅰ ・財産管理規則	

この表は、自治体が所有する土地や建物を構成要素とする公の施設には行政財産としての規定も適用になることを踏まえると、公の施設については、以下のように整理することができます。

表12　公の施設の管理規程（まとめ）

区分	許可・貸付条件	対価	対価の減免
公の施設	（使用許可） ・自治法244の2 I ・設置条例	（使用料） ・自治法288条 I ・設置条例	（債権放棄） ・自治法96条 I ⑩ ・設置条例

＋

区分	許可・貸付条件	対価	対価の減免
行政財産	（使用許可） ・自治法238の4 Ⅶ ・財産管理規則	（使用料） ・自治法288条 I ・行政財産使用料条例	（債権放棄） ・自治法96条 I ⑩ ・行政財産使用料条例
	（貸付契約） ・自治法238の4 Ⅱ④ ・財産管理規則	（貸付料） ・自治法238の4 Ⅱ④ ・財産管理規則	（減免） ・自治法96条 I ⑥ ・財産の父換、譲与、無償貸付け等に関する条例

5　財産管理における個別管理法の役割

　自治法とは別に、公営住宅についての公営住宅法や都市公園についての都市公園法のように、特定の公の施設やその公の施設を構成する財産にだけ、適用される法律があります。それらの法律を、ここでは、「個別管理法」と呼ぶことにします。

　「公の施設」、「行政財産」は、自治法の中の制度であり、考え方です。個別管理法には、「公の施設」と「行政財産」との区別はありません。個別管理法は、財産と役割や機能とを明確に区別せずに規定されています。例えば、公営住宅の公の施設としての機能への規制と公営住宅に用いられている土地や建物に対する規制を合わせた形で公営住宅法が制定されているのです。

（1）財産管理における個別管理法の存在

　個別管理法がある場合は、その対象となる公の施設や財産については、自治法と個別管理法の両方が適用されることになります。

　その際に、自治法と個別管理法とは、相互に矛盾する規定を持っていることがあります。

　よって、自治体の財産管理においては、次のことについての見極めが適法に事務を行ううえでの基本的なポイントとなります。

①　個別管理法の規定が、公の施設についての規定なのか行政財産に関する規定なのか

②　個別管理法と自治法のどちらを適用（優先）すべきなのか

（2）自治法と個別管理法との優先関係

　財産管理についての基本的な法律は、地方自治法です。自治法は、公の施設について一般的、網羅的に規定を設けています。

　一方で、個別管理法は、その公の施設について閉鎖的、創設的に規定を置いています。自治法と個別管理法は同じ事項について異なる規定を置いている場合も多いですが、個別管理法がある公の施設については、自治法よりも個別管理法の規定が優先されます。

自治法と公営住宅法との関係

　例えば、公の施設の使用料については、自治法では条例で自治体ごとに定めることとされています（自治法228条１項）。公営住宅も公の施設であり、家賃は使用料に当たるので、まずは、この自治法の規定が適用になります。

　しかし、公営住宅法では、家賃は政令に従って確認的・手段的に条例で定めることとされています（同法16条）。

　具体的には、同地域の同じ設備の賃貸住宅の家賃（近傍同種の住宅の家賃。同条１項）を参考にし、入居者の収入（月収）に応じて決めなければなりません。さらに、収入の段階や基礎額、近傍同種の住宅の家賃を決定するための計算式が詳細に定められており、自治体に家賃の決定についての裁量はありません

（同法施行令１条～３条）。

　この公営住宅法の規定は自治法の使用料の規定と矛盾します。この場合は、公営住宅法の「家賃（使用料）は法定」という規定が、自治法の「使用料は自治体ごと」に優先して適用されます。

表13　自治法と個別管理法との関係（公営住宅法の例）

	自治法（劣後）		公営住宅法（優先）
位置付け	公の施設	行政財産	公営住宅
対価の呼称	使用料	使用料・貸付料	家賃
対価の決め方	条例	条例・規則	公営住宅法＋条例

6　教育財産及び公営企業財産の管理

　自治体の事務を執行する権限は、長だけに集中しているのではなく、各執行機関や企業管理者に分かれています。

　そのうち、所管する事務における財産管理の権限は、長、教育委員会、企業管理者だけが持っています。

（1）教育財産及び公営企業財産の管理権限

　自治法においては、財産や公の施設の管理権限を長に専属させています（自治法149条６号及び７号）。自治法の中では、長以外の執行機関には財産の管理権限はなく、教育委員会には財産管理の権限は与えられていません。また、企業管理者は、そもそも執行機関ではなく、長の補助機関なので権限の主体ではありません。

　一方で、学校、図書館、公民館などは、地方教育行政の組織及び運営に関する法律（地教行法）で「教育機関」と定義付けられています（同法30条）。

　そのうえで、地教行法では、学校などの教育機関や教育機関のために用いる財産（行政財産）の管理権限は、長ではなく教育委員会にあるとしています（地教行法21条１号・２号）。

　よって、教育機関（教育財産）の管理権限は、教育委員会が持つことになり

ます。自治法（一般法）は自治体行政全般について、一方、地教行法（特別法）は自治体行政のうち、教育行政だけについて規定している法律です。よって、地教行法の規定が優先するのです。

　また、地方公営企業法においても、企業用の財産については、長ではなく企業管理者に財産管理権が与えられています。公の施設の管理についても同様です（地方公営企業法9条7号）。

表14　自治体における財産管理権

	執行機関			長の補助機関
	長	教育委員会	教委以外の執行機関	企業管理者
取得（普通財産）	○	×	×	○
管理（行政財産）	○	○	×	○
公の施設の管理・廃止	○	○	×	○
処分（普通財産）	○	×	×	○

教育委員会と企業管理者との財産管理権の違い

　教育委員会の財産管理権は「設置、管理及び廃止」です（地教行法21条1号及び2号）。ここには、「取得や設置前の管理」と「廃止後の管理や処分」は含まれていません。それらは長の権限です（同法22条4号）。

　よって、学校などの公の施設（地教行法でいえば「教育機関」）を廃止したのちは、行政財産から普通財産に管理を変えますが、それと同時に、廃校後の建物と敷地は教育委員会から長へ移管することになります。この点について、自治法に確認的な規定も置かれています（同法238条の2第3項）。また、学校として設置する、つまり、設置管理条例を施行するまでは、長が管理します。よって、教育委員会が普通財産の管理をすることはないのです。

　企業管理者の場合は違います。「取得、設置、管理、廃止、処分」という財産管理の権限を包括して持っています（地方公営企業法9条7号）。また、財産の取得のために必要な契約権限も持っています（同条8号）。企業管理者が普通財産を管理することは想定されているのです。

○地方自治法（一部略）

第149条　普通地方公共団体の長は、概ね左に掲げる事務を担任する。

　　六　財産を取得し、管理し、及び処分すること。

　　七　公の施設を設置し、管理し、及び廃止すること。

（公有財産に関する長の総合調整権）

第238条の2

3　普通地方公共団体の委員会若しくは委員又はこれらの管理に属する機関で権限を有するものは、その管理に属する行政財産の用途を廃止したときは、直ちにこれを当該普通地方公共団体の長に引き継がなければならない。

○地方教育行政の組織及び運営に関する法律（一部略）

（教育委員会の職務権限）

第21条　教育委員会は、当該地方公共団体が処理する教育に関する事務で、次に掲げるものを管理し、及び執行する。

　　一　教育委員会の所管に属する第30条に規定する学校その他の教育機関（以下「学校その他の教育機関」という。）の設置、管理及び廃止に関すること。

　　二　教育委員会の所管に属する学校その他の教育機関の用に供する財産（以下「教育財産」という。）の管理に関すること。

（長の職務権限）

第22条　地方公共団体の長は、大綱の策定に関する事務のほか、次に掲げる教育に関する事務を管理し、及び執行する。

　　四　教育財産を取得し、及び処分すること。

　　六　前号に掲げるもののほか、教育委員会への所掌に係る事項に関する予算を執行すること。

（職務権限の特例）

第23条　前2条の規定にかかわらず、地方公共団体は、前条各号に掲げるもののほか、条例の定めるところにより、当該地方公共団体の長が、次の各号に掲げる教育に関する事務のいずれか又は全てを管理し、及び執行することとすることができる。

　　一　図書館、博物館、公民館その他の社会教育に関する教育機関のうち当該条例で定めるもの（以下「特定社会教育機関」という。）の設置、管理及び廃止に関すること（第21条第7号から第9号まで及び第12号に掲げる事務のうち、特定社会教育機関のみに係るものを含む。）。

（教育機関の設置）

第30条　地方公共団体は、法律で定めるところにより、学校、図書館、博物館、公民館その他の教育機関を設置するほか、条例で、教育に関する専門的、技術的事項の研

究又は教育関係職員の研修、保健若しくは福利厚生に関する施設その他の必要な教育機関を設置することができる。

○地方公営企業法（一部略）
（管理者の担任する事務）
第9条　管理者は、前条の規定に基いて、地方公営企業の業務の執行に関し、おおむね左に掲げる事務を担任する。
　七　当該企業の用に供する資産を取得し、管理し、及び処分すること。
　八　契約を結ぶこと。
　九　料金又は料金以外の使用料、手数料、分担金若しくは加入金を徴収すること。

（2）教育機関（公の施設）における使用料の権限

　一方で、公の施設の使用料、行政財産の使用料、普通財産の貸付料に関することについては、特別法はないので、自治法の規定どおり長の権限です。教育委員会には、権限はありません。

　よって、教育機関（教育関係の公の施設）については、使用許可を教育委員会が行い、使用料の決定や徴収を長が行うことになります（地教行法22条6号）。企業管理者は、使用料に関する権限も持っています（地方公営企業法9条9号）。

○地方自治法（一部略）
第149条　普通地方公共団体の長は、概ね左に掲げる事務を担任する。
　二　予算を調製し、及びこれを執行すること。
第180条の6　普通地方公共団体の委員会又は委員は、左に掲げる権限を有しない。但し、法律に特別の定があるものは、この限りでない。
　一　普通地方公共団体の予算を調製し、及びこれを執行すること。

○地方教育行政の組織及び運営に関する法律（一部略）
（長の職務権限）
第22条　地方公共団体の長は、大綱の策定に関する事務のほか、次に掲げる教育に関する事務を管理し、及び執行する。
　六　前号に掲げるもののほか、教育委員会の所掌に係る事項に関する予算を執行すること。

（3）教育機関（公の施設）における使用料事務の実際

　実際には、教育委員会の補助機関である教育機関の職員に長が補助執行によって、使用料の事務に当たらせるか、使用料に関する権限を長から教育委員会や教育委員会の職員へ委任することも考えられます（自治法180条の２）。

　その反対に、教育委員会の許可権限を長の職員に委任するか、補助執行させることもできます（同法180条の７）。また、一部の教育機関の管理を条例によって、長の事務とすることもできます（地教行法23条）。

権限の委任の意味

　長の権限を教育委員会やその補助機関に委任するということは、長の権限である使用料に関する判断自体が長の手から離れ、受任者の権限になることを意味します。よって、納付書や領収書の名義が長から委任を受けた教育委員会などの名義になります。決裁権も教育委員会の側に移ります。

　補助執行の場合は、名義は長のままです。補助執行を受けた教育委員会の職員が起案して、長や副市長（注：本来は、教育委員会には関係ない存在です。）などの決裁を受けることになります。

　ある自治体の顧問弁護士が、「権限の委任が行われた場合には、根拠となる条例の根拠条文を変えるべき」と教示した例があります。そもそも条例は議会が決定するものです。契約書（個人間の約束ごと）と条例（社会全体の約束ごと）との違いが分かっていないのかもしれません。

　図書館や公民館の管理を長の事務とする場合は、条例で定めます（地教行法23条）。この場合も、権限が教育委員会から長へ移ります。執行機関の意思ではなく条例によって行われるものであり、権限の委任とは異質のものです（自治法180条の２、180条の７）。

表15 権限の委任、補助執行、権限の特例の可否

	補助執行	委任	職務権限の特例
長→教委	×	○	―
長→教委の職員	○	○	―
教委→長	×	×	○（条例）
教委→長の職員	○	○	―

表16 権限の委任、補助執行、権限の特例の効果（権限の移動）

	補助執行	委任	職務権限の特例
権限の移動	なし	あり	あり
方式	告示（＊）	告示（＊）	条例

＊一般的には委任のための規則を制定して行う。

表17 権限の委任、補助執行、権限の特例の効果（権限の所在）

	補助執行	委任	職務権限の特例
長→教委	×	教委	―
長→教委の職員	長	当該職員	―
教委→長	×	×	長（条例）
教委→長の職員	教委	当該職員	―

○地方自治法

第180条の2　普通地方公共団体の長は、その権限に属する事務の一部を、当該普通地方公共団体の委員会又は委員と協議して、普通地方公共団体の委員会、委員会の委員長（教育委員会にあつては、教育長）、委員若しくはこれらの執行機関の事務を補助する職員若しくはこれらの執行機関の管理に属する機関の職員に委任し、又はこれらの執行機関の事務を補助する職員若しくはこれらの執行機関の管理に属する機関の職員をして補助執行させることができる。ただし、政令で定める普通地方公共団体の委員会又は委員については、この限りでない。

第180条の7　普通地方公共団体の委員会又は委員は、その権限に属する事務の一部を、当該普通地方公共団体の長と協議して、普通地方公共団体の長の補助機関である職員若しくはその管理に属する支庁若しくは地方事務所、支所若しくは出張所、第202条の4第2項に規定する地域自治区の事務所、第252条の19第1項に規定する指定都市の区若しくは総合区の事務所若しくはその出張所、保健所その他の行政機関の長に委任し、若しくは普通地方公共団体の長の補助機関である職員若しくはその管理に属する行政機関に属する職員をして補助執行させ、又は専門委員に委託して必要な事項を調査させることができる。ただし、政令で定める事務については、この限りではない。

第2章　行政財産の使用許可と貸付

公の施設や庁舎の土地・建物は、行政財産として管理されます。行政財産の管理は、自治法や個別の管理法の規定に従って行うことになりますが、それらの法律の中に、行政財産を住民に利用させることができる制度が設けられています。

この行政財産としての住民の利用は、公の施設としての利用とは、制度の趣旨が異なります。

1　財産（土地・建物）の区分（再論）

自治体が所有・管理する土地や建物は、以下の四つに分けることができます。

① 住民が利用するためのもの

② 自治体の事務執行のためのもの

③ 住民以外（住民に限らない不特定の人）が利用するためのもの

④ 用途を廃止し、将来的に売却を予定しているもの

①と②は行政財産で、③と④は普通財産です。また、①は公の施設のための土地や建物で、②は庁舎です。③は道の駅、物産館、競艇場など、④は未利用の土地・建物や売却用の土地です。

表1　自治法における財産（土地・建物）の区分

用途	財産区分
公の施設	行政財産
庁舎	行政財産
道の駅・競艇場等	普通財産
売却用	普通財産

2 / 行政財産に適用される法令（再論）

　公の施設の土地や建物は、その自治体が所有している場合、つまり、その自治体の財産である場合は、財産としては行政財産に区分されます（自治法238条4項）。また、庁舎の土地や建物も行政財産に当たります。機能や役割（施設）としては、「公の施設」や「庁舎」であり、財産としては行政財産なのです。

　よって、公の施設や庁舎については、以下の二つの法令の規定が適用されることになります。

● 　公の施設や庁舎に関する法令の規定
● 　自治法の行政財産に関する規定

表2　公の施設・庁舎に適用される法令

	施設として	財産として
公の施設	公の施設	行政財産
庁舎	庁舎	行政財産

3 / 行政財産の住民利用の制度

　行政財産は、公の施設や庁舎に用いるために管理されるものであり、住民が利用するためのものではありません。行政財産について、「利用」という概念は、本来的には、存在しません。

　この点について、庁舎は別として、公の施設は住民の利用のために設置管理されています。しかし、それは、公の施設としての機能であり、財産（行政財産）としての目的・対象は、住民ではなく、あくまで、「公の施設の用途に行政が用いること自体」です。行政財産の用途は、公の施設であれ、庁舎であれ、自治体の行政執行なのです。

　ですから、本来は、行政財産を住民に利用させることは、行政財産の管理の目的からは外れています。

　しかし、次のような物や施設は、止むを得ず、あるいは、消極的な意味で行政財産の中に置く必要があると考えられます。

● 電柱、水道管、地下ケーブルなど―その場所にしか設置できない物

● 組合事務所―その場所にあったほうがよい物

● 自動販売機、売店、食堂―不可欠ではないものの、設置することで行政財産の効用が、かえって増すと考えられる物

　そこで、行政財産を、いい換えれば、公の施設や庁舎を行政財産として、住民が利用できるようにするための制度が設けられています。具体的には、使用許可と貸付の制度が、自治法に規定されています（同法238条の4第2項4号及び7項）。

　よって、公の施設については、「公の施設としての利用」、「行政財産としての利用」の二つの利用形態があり、それぞれに関して、法律に規定が置かれていることになります。

　庁舎については、住民が利用するものではありませんから、住民の利用の形態は、行政財産としての利用だけです。

表3　公の施設や庁舎における住民の利用形態

		施設としての利用	財産としての利用
公の施設	機能・事業	○	―
	敷地・建物	―	○
庁舎	機能・事業	―	―
	敷地・建物	―	○

○地方自治法（一部略）

（行政財産の管理及び処分）

第238条の4　行政財産は、次項から第4項までに定めるものを除くほか、これを貸し付け、交換し、売り払い、譲与し、出資の目的とし、若しくは信託し、又はこれに私権を設定することができない。

2　行政財産は、次に掲げる場合には、その用途又は目的を妨げない限度において、貸し付け、又は私権を設定することができる。

　四　行政財産のうち庁舎その他の建物及びその附帯施設並びにこれらの敷地（以下この号において「庁舎等」という。）についてその床面積又は敷地に余裕がある場合として政令で定める場合において、当該普通地方公共団体以外の者（当該庁舎等を管理する普通地方公共団体が当該庁舎等の適正な方法による管理を行う上で適当と

認める者に限る。）に当該余裕がある部分を貸し付けるとき（前3号に掲げる場合に該当する場合を除く。）。

7　行政財産は、その用途又は目的を妨げない限度においてその使用を許可することができる。

○地方自治法施行令

（行政財産である庁舎等を貸し付けることができる場合）

第169条の3　地方自治法第238条の4第2項第4号に規定する政令で定める場合は、同号に規定する庁舎等の床面積又は敷地のうち、当該普通地方公共団体の事務又は事業の遂行に関し現に使用され、又は使用されることが確実であると見込まれる部分以外の部分がある場合とする。

4　行政財産の使用許可と貸付

　この行政財産の使用許可と貸付は、公の施設の使用許可や普通財産の貸付のように、当然に存在するしくみではなく、自治体の財産管理における創設的なしくみ（あえて創られたもの。政策的な制度）です。

表4　公の施設と行政財産の住民利用の方法

	用途における住民利用	財産管理における住民利用
公の施設	使用許可	使用許可、契約
庁舎	―（住民の利用は想定されていない）	

表5　公の施設と行政財産における住民利用の意味

	管理の目的	住民の利用
行政財産	自治体の事務の執行	例外的に認められる
公の施設	住民の利用	本来的に認めるべき

表6　住民の利用形態とその法的な意味

	住民利用の手続き	住民利用の意味
公の施設の使用許可	許可	本来的な権利の実現・調整
行政財産の使用許可・貸付	許可・契約	政策的な権利の付与
普通財産の貸付	契約	団体としての財産活用

5 / 行政財産の使用許可

　行政財産の使用許可は、公の施設や庁舎等を行政財産として、住民に利用させる制度です。条文のうえでは、「許可」ですが、公の施設の使用許可とは性質が異なります。

（1）行政財産の使用許可の性質

　公の施設は、住民が利用するために設置されるものです（自治法244条）。よって、公の施設の使用許可は、住民が当然に持っている公の施設を利用する権利について利用目的を確認し、利用を希望する住民相互の関係を調整する役割を持っていることになります。

　一方、行政財産の使用許可は、住民の利用を可能にするための特別の権利を設定する行政処分です。行政処分としての学問的・教科書的な性質は、許可ではなく「特許」や「設権行為」と呼ばれるものです。

● 　公の施設の使用許可—住民なら誰もが持っている利用の権利を調整し、平等に実現させるための行政処分
● 　行政財産の使用許可—そもそも住民が行う権利がない行為について、新たに権利を設定する行政処分

　指定管理者制度において、行政財産の使用許可の権限が指定管理者に委任できないのは、公の施設の使用許可のように、本来的な権利についての行政処分ではなく、権利自体を設定するものだからです。「自販機を置くだけの許可なのに、なぜ、指定管理者に委託（権限を委任）できないのか？」という実務的な疑問の答えは、ここにあります。

表7　公の施設の許可と行政財産の許可との違い

	根拠法の規定	行政処分としての性質
公の施設の許可	許可	許可
行政財産の許可	許可	特許

行政財産の使用許可は特許

　行政財産の使用許可は、条文上は「許可」が規定されています。一方で、行政法の世界では、「特許」であると評価されます。ですから、行政財産の使用許可について、「行政法」というタイトルの教科書や参考書を参考にする際には、「許可」ではなく「特許」という用語を目次や索引から探すことになります。

　「許可」であるかどうかは、条文のしくみ、つまり対象や目的などによって判断することになるのです。条文上の用語が許可でなくても、しくみが許可であればそれは法的な考え方における許可を意味し、許可として社会で機能していきます。

　数学などの自然科学を専門に勉強した方には理解（承服）し難いことでしょうが、法学においては、実際の法律に優先して「考え方」や「理念（≠概念）」が存在します。考え方に実体的な根拠はありませんが、その考え方を、それぞれの分野において実現する手段として法律が創られるのです。法律を創る人、解釈する人、それを使って争いごとをする人、みんなこの「法的な考え方」を踏まえて法務に携わります。

　行政財産の使用許可が許可ではなく「特許」であるというときの「特許」が「法的な考え方」に当たります。

　例を挙げます。

①　A市〇〇公園の設置及び管理に関する条例

（使用の許可）
第6条　〇〇公園を使用しようとする者は、市長の許可を受けなければならない。

---

②　地方自治法

（行政財産の管理及び処分）
第238条の4
　7　行政財産は、その用途又は目的を妨げない限度においてその使用を許可することができる。

　どちらも、条文の上では、「許可」ですが、①は住民が公の施設を利用する

という本来的な権利についての許可、つまり、権利の回復や確認、さらには、他の住民との利用調整を意味しています。これは、「考え方」における許可と同じです。内容と条文の表現が一致しています。

一方、行政財産の使用許可は電柱、自販機、組合事務所などの本来は、行政財産の中にはないはずの物の設置行為についての許可です。住民が本来有しない庁舎などを利用する権利を特別に設定する行政処分なので、一般的な意味ではなく、法律学の考え方において「特許」という類型に当てはまる行政処分です。

A市条例が創られた過程は以下のようになります。

Ⅰ　行政処分の類型中から、当該施設の利用における最も適当な考え方である「許可」を選択した。

Ⅱ　条文を作成する際に、「許可」を許可として表現するか、あるいは、一定の理由から他の用語にするかを検討した。

Ⅲ　やはり、「許可」と表記することにした。

一方、自治法238条の4第7項は、以下の過程を経ていると考えられます。

Ⅰ　考え方の中から、行政財産の利用に当たる「特許」を選択した。

Ⅱ　条文を作成する際に、「特許」を特許と表現するか、あるいは、一定の理由から他の用語にするかを検討した。

Ⅲ　形態としては、使用に対する許諾なので、分かりやすく「許可」と表記することにした。

過程的には、法制度はこのような形で制定されます。自治法238条の4第7項においては、考え方（特許）と条文の表現（許可）とが一致していませんが、それは、違法なことや、おかしなことではありません。考え方をそのまま条文の表現に用いなければならないという決まりごとは存在しません。

そもそも、同項の制定においては、上記で示した立法過程のように、明確に「許可」や「特許」を意識して選択的に条文を作成したわけではなく、結果として、法的に評価すれば許可や特許に相当するしくみが創られたということなのかもしれません。

公営住宅の入居決定（公営住宅法25条1項）も、条文上は「決定」ですが、法的な考え方、つまりは、行政法の世界では「許可」であると評価されます。

（2）行政財産の使用許可に関する規程

　行政財産の使用許可は、公の施設の使用許可とは異なり、条例事項ではありません（自治法244条の２第１項、238条の４第７項）。

　また、財産管理の権限は、自治体においては、長、教育委員会、企業管理者だけが持っています。よって、行政財産の使用許可については、長や教育委員会の規則と企業管理者の規程で定めることになります（自治法149条６号、地教行法21条２号、地方公営企業法９条７号）。

　実際には、長が定めた規則をそのまま教育委員会や企業管理者が準用している場合が多くなっています。

表8　行政財産の使用許可における条例事項と規則事項

	許可（貸付）条件	使用料	減免
公の施設の使用許可	条例	条例	条例
行政財産の使用許可	規則	条例	条例
行政財産の貸付	規則	規則（貸付料）	条例

○H市財務規則

　（行政財産の使用許可基準）

第8条　行政財産は、その用途、目的を妨げない限度において、次に掲げる場合その使用を許可できるものとする。

　⑴　国、他の地方公共団体において、公用又は公共用に供するため、特に必要と認められる場合

　⑵　市の職員その他当該行政財産を使用又は利用する者のため厚生施設を設置する場合

　⑶　公共目的のために行われる講習会などの用に使用させる場合

　⑷　前各号に掲げる場合のほか、市長が特に必要と認める場合

（3）行政財産の使用料

　使用許可についての使用料は、公の施設の使用の場合と同じく、条例で定めなければなりません。減免する場合も条例事項です。規則や要綱で定めること

はできません（自治法228条１項、96条１項10号）。

　しかし、自販機の設置など、使用面積に応じた一般的な使用料とは別の根拠で、売り上げに応じた使用料などを徴収すべき場合は、条例中に概括的な例外規定を設けて、要綱などに委任することもできます（A市条例10条３号参考）。

　ここでは、使用料について定める自治法225条は、公の施設の使用料の根拠でもあり、行政財産の使用における使用料の根拠でもあることに注意が必要です。市民センターの利用において、会議室の利用は公の施設の使用許可の対象であり、自販機の設置は行政財産の使用許可の対象です。両者は利用手続きにおいては異なります。しかし、利用の対価はどちらも自治法225条における使用料なのです（ただし、額については、当然異なります。同法228条）。

○地方自治法（一部略）

（使用料）

第225条　普通地方公共団体は、第238条の４第７項の規定による許可を受けてする行政財産の使用又は公の施設の利用につき使用料を徴収することができる。

（分担金等に関する規制及び罰則）

第228条　分担金、使用料、加入金及び手数料に関する事項については、条例でこれを定めなければならない。この場合において、手数料について全国的に統一して定めることが特に必要と認められるものとして政令で定める事務（以下本項において「標準事務」という。）について手数料を徴収する場合においては、当該標準事務に係る事務のうち政令で定めるものにつき、政令で定める金額の手数料を徴収することを標準として条例を定めなければならない。

２　分担金、使用料、加入金及び手数料の徴収に関しては、次項に定めるものを除くほか、条例で５万円以下の過料を科する規定を設けることができる。

３　詐欺その他不正の行為により、分担金、使用料、加入金又は手数料の徴収を免れた者については、条例でその徴収を免れた金額の５倍に相当する金額（当該５倍に相当する金額が５万円を超えないときは、５万円とする。）以下の過料を科する規定を設けることができる。

○A市行政財産使用料条例

（使用料）

第10条　使用料は、他の条例に定めがある場合を除くほか、次の各号に定める額とする。

　(1)　土地の使用料は、適正な時価の1,000分の５以内で市長が定める額を月額とする。

---

(2)　建物の使用料は、建物の適正な時価の1,000分の5と敷地の適正な時価の1,000分の5を加えた額以内で市長が定める額を月額とする。

(3)　前各号によることができない場合は、前各号に掲げる額と均衡を失しない範囲において市長が定める。

（使用料の減免）

第11条　使用料は、他の条例に定めがある場合を除くほか、次の各号の一に該当するときは、これを減免することができる。

(1)　国、他の地方公共団体その他公共団体又は公共的団体において公用若しくは公共用又は公益事業の用に供するとき。

(2)　地震、火災、水害等の災害により、使用許可を受けた者が、当該財産又は施設を使用の目的に供しがたいと認めるとき。

(3)　市の事務事業と密接な関連を有する用に供するとき。

(4)　前各号のほか、市長が公益上特に必要と認めるとき。

6　行政財産の貸付制度

　庁舎に恒常的な空室がある場合や、庁舎の敷地に周りの部分と分離しての利用が可能な程度にまとまった余裕がある場合は、財産の有効活用の一つとして、契約によって貸し付けることができます（自治法238条の4第2項4号）。

　貸付料は、行政財産の使用許可の場合とは異なり規則で定めます。減免については、使用許可と同じく条例事項です（同法96条1項6号）。

　行政財産についての貸付の制度ですが、「庁舎その他の」と規定されています（同法238条の4第2項4号）。また、公の施設に恒常的な未利用空間があることは、まず、考えられません。行政財産の貸付を行うことは、その公の施設が、過剰な設備を備えていることを意味します。

　よって、行政財産の貸付制度は、行政財産のうち、主に庁舎に適用されるものだと理解してかまいません。

　貸付の対象となる恒常的な空室や大規模な未利用空間について、その一部を使用許可によって自販機の設置などをさせることも、もちろん可能です。空室や未利用空間については、場合に応じて、使用許可と貸付契約とを選択的に用いることになります。

表9　行政財産の使用許可と貸付の対象

行政財産の用途	場所	使用許可	貸付
公の施設の土地・建物	空きスペース	○	×
	空室・敷地の未利用部分	○	△
庁舎の土地・建物	空きスペース	○	×
	空室・敷地の未利用部分	○	○

普通財産貸付の対価の名称

公の施設の使用や行政財産の使用の対価は、「使用料」です（自治法225条）。しかし、普通財産の使用の対価については、自治法に名称は定められておらず、実務上、「貸付料」と呼ばれています。

公の施設や行政財産は、行政独自のものであり、ここでいう「使用料」は行政固有の定義（考え方・制度）です。

これに対して、普通財産は遊休地や観光施設などです。民間団体においても同様の財産を持っています。普通財産を貸し付けることは、行政固有の行為ではなく、その対価も民間団体が所有する財産を賃貸しているのと同じです。

よって、自治法に独自の定義を置く必要はなく、一般的な意味で「貸付料」と呼ばれているのだと考えられます。

自販機の許可を公の施設の許可にできないか

自販機は、特に体育館などの公の施設には必要なものであり、行政財産の使用許可（いわゆる目的外使用許可）ではなく、公の施設の使用許可（いわゆる目的内の許可）にできるはずではないか、という疑問やそれに向けた検討が、自治体で行われてきました。

一見、正当な主張であるように思えますが、この「自販機を公の施設の許可で」というアイディアには決定的な欠陥があります。

公の施設の許可であるのならば、公平に（つまりは先着順か抽選で）、かつ、低廉な使用料で使用させなければなりません。現在、多くの自治体で行われているように、許可申請の前に、最も高い使用料を提示した者に許可を出すというやり方や貸付ができる場合における入札方式は採れなくなります。また、売上

げに比例した使用料を徴収することも適当ではありません。

　政策的なメリットにとらわれることなく、「公の施設の許可（利用目的の確認・利用の調整）」と、「行政財産の許可（特別な権利の設定）」との本質的な違いを踏まえた法的に成熟した検討が必要とされます。

7　個別管理法と行政財産の使用許可との関係

　個別管理法が存在する他の公の施設、例えば、公営住宅（公営住宅法）、都市公園（都市公園法）、道路（道路法）などにおいては、自治法の規定よりも個別管理法の規定が優先します。

　また、個別管理法は、その対象とする都市公園や道路などについて、自治法における公の施設としての規定と行政財産としての規定とを兼ね備えています。

　例えば、都市公園法は、公の施設としての管理と財産としての管理の両方について、包括的に規定しています。

表10　個別管理法の対象と自治法の規定

	自治法の規定	
	公の施設の規定	行政財産の規定
個別管理法の対象	○	○

　よって、自治法上の行政財産の使用許可や貸付についても、個別管理法に同じ目的や対象を持つ規定があれば、適用されないことになります。

　この点について、例えば、都市公園と道路は個別管理法に行政財産の使用許可と同様の、つまり、公の施設としての利用とは異なる利用形態についての許可制度が用意されています（都市公園法6条、道路法32条など）。よって、都市公園と道路には、行政財産の使用許可や貸付制度は適用されません。

表11　個別管理法と行政財産の使用許可・貸付制度との関係

	電柱・自販機などの許可・貸付制度		例
	個別管理法	自治法	
個別管理法なし	―	適用される	文化教育施設、駐車場など
個別管理法あり	あり	適用されない	都市公園、道路など
	なし	適用される	公営住宅

○都市公園法（一部略）

（都市公園の占用の許可）

第6条　都市公園に公園施設以外の工作物その他の物件又は施設を設けて都市公園を占用しようとするときは、公園管理者の許可を受けなければならない。

第7条　公園管理者は、前条第1項又は第3項の許可の申請に係る工作物その他の物件又は施設が次の各号に掲げるものに該当し、都市公園の占用が公衆のその利用に著しい支障を及ぼさず、かつ、必要やむを得ないと認められるものであつて、政令で定める技術的基準に適合する場合に限り、前条第1項又は第3項の許可を与えることができる。

一　電柱、電線、変圧塔その他これらに類するもの

公営住宅における行政財産の使用許可

　都市公園の場合とは違って、公営住宅本来の利用方法以外の形態で、公営住宅を利用する場合、具体的には、自販機などについては、公営住宅法に規定がありません。よって、自治法のしくみにしたがって、行政財産の使用許可を行い、自治法上の使用料を徴収することになります（自治法238条の4第7項、225条）。

　なお、公営住宅条例に行政財産の使用許可に関する規定を置いている自治体がありますが、この使用許可は公営住宅法上の制度ではなく、自治法上の制度です。許可基準も公営住宅への入居許可の基準とは違って、条例事項ではありません。

　よって、火災や災害における被災者への部屋の提供（いわゆる一時使用）の場合も含め、行政財産の使用許可の条件について公営住宅条例の中に規定を置くことは不適当です。使用料についても、他の行政財産の使用料と同じように使用料条例を根拠とすべきです。

この点につき、公営住宅法には、グループホーム事業などに公営住宅を利用できる規定があります（同法45条）。これも、利用形態からは行政財産の使用許可の対象であると、一応は、考えられます。住居としての公営住宅の利用ではないからです。

　しかし、同条4項では、この使用については条例で定めることとされています。確かに、公の施設の利用に関することは条例で定めなければなりません（自治法244条の2第1項）が、行政財産の使用許可は、公の施設の設置管理における制度ではありません。

　よって、公営住宅法45条におけるグループホームなどによる使用は、「目的外使用的な使用」ではあっても、自治法における制度としての行政財産の使用（目的外使用）とは別のものであるということになります。公営住宅法における公営住宅の設置目的から測ると目的外ですが、自治法における公の施設の利用においては目的外ではなく、あくまで公の施設の利用の一形態だと理解するしかありません。

　グループホームなどの利用を許す公営住宅法45条は、目的外使用について定めた自治法238条の4第7項の特別法ではなく、別の制度を設けたもの、あるいは、公の施設の管理について定めた自治法244条の2の特別法であり、「目的外使用」とは別の固有の名称で呼ぶべきものです。

　公の施設である公営住宅には、行政財産の貸付制度が適用される余地は極めて少ないと考えられます。団地内に設置される自販機やコインパーキング、さらには、火災や災害における被災者への部屋の提供については、行政財産の使用許可で対応することになります。

表12　公営住宅及び公の施設の利用形態

利用形態	根拠	公の施設としての利用	行政財産としての利用
		目的内の利用	目的外の利用
入居	公住法16条	○	
自販機等	自治法238条の4第7項		○
グループホーム等	公住法45条	○（目的外の利用列）	
公の施設の利用	自治法244条の2	○	－

＊公住法＝公営住宅法

行政財産の使用許可の中で、最も多く行われている自動販売機や広告（以下「自販機」）の設置に対する許可について、不適切な運用がみられます。

自販機の使用料における「２段階方式」

自販機の設置は、行政財産の使用許可の対象です（自治法238条の４第７項）。使用料は、条例で定めます（同法228条）。自販機や広告は庁舎や公の施設に多くの住民が訪れるため、その売上げや効果は多大です。

一方で、条例で定める使用料（同法225条）の額は、行政財産の中に設置せざるを得ない（場所を選べない）電柱の設置などの、半ば公益的な設備の設置を想定しているので、低額に設定されています。

そこで、増収を図るため、多くの自治体では、次のようなしくみをとっています。

① 許可によって条例の使用料を徴収

② ①に加えて、契約によって要綱で定めた料金（上乗せ分）を徴収

しかし、許可を得れば、それで使用が可能になります。上乗せ分の契約締結を拒否しても、使用を認めなければなりません。「要綱に基づく契約を締結しなければ、許可は出さない」は、違法です。

条例で定められた使用料以外の対価を徴収することはできません。それは、単なる不当利得、つまり、財産管理権を盾にした行政側からの強要でしかありません。

そもそも、この「２段階方式」は、増収に繋がっているとは全くいえません。契約要綱による上乗せ分（２段階目）について、きちんと使用料改正の条例案を出した場合に、議会において、「もっと、たくさん徴収すべきだ」と判断され、より高額に修正される可能性があることが想定できていないのです。

契約要綱なるもので、違法に料金を設定し徴収していることは、議会が、「自販機の設置に対しては、もっと多くの使用料を徴収すべきだ。」と判断できる機会（その判断による額こそが適正な対価です。）を奪うことになっています。客観的に評価すれば、単に、担当者が使用料条例を改正するのが面倒なので、２

段階方式を考案したにすぎません。

　条例事項について、条例を改正せずに、職員が不足と考える部分を要綱で補うことができるとするならば、それは、条例やそれを創る議会は必要ない、ということを意味しかねません。

　2段階方式の採るかどうかを判断するに当たっては、自治体職員として、その手法が自治体において一般化された場合にどのような事態を招くか、という想像力を持たなければなりません。

　使用料の増額を図るための正統な方法は以下のとおりです。

① **使用料条例の改正**

　自販機の設置や広告の設置について、条例を改正し、従来の電柱の設置などとは別途の使用料体系を設ける。

② **例外規定の解釈・運用**

　自治体の行政財産の使用料を定めた条例には、「定額の使用料が適当でない場合は別に長が定める」という例外規定が置かれている場合がある。自販機や広告の設置をこの例外規定に当てはめて、売上などに比例した「特別使用料」を徴収することもできる。

9　行政財産の一時的な使用

　行政財産の使用許可については、財務規則あるいは財産管理規則に許可の基準などが規定されています。しかし、これとは別に庁舎管理規則にも、許可基準が規定されています。自治体の庁舎管理規則の中には、庁舎管理責任者（課長級職員）に許可権限を与えているように見えるものがあります。

○A市庁舎管理規則

（許可を必要とする行為）

第5条　庁舎等において次の各号に掲げる行為をしようとする者は、あらかじめ庁舎管理責任者の許可を受けなければならない。

(1)　集会又はこれに類する行為をすること。

　行政財産である庁舎における使用許可の権限を持っているのは、長、教育委員会、企業管理者です。権限の委任がない限り、課長級の職員に許可権限はありません。

　しかし、ここで許可が必要であるとされている行為は、いずれも、行政財産の使用許可の対象となる行為のうち、軽易なものです。休憩時間における弁当の販売などであり、自販機の設置のような継続的な行為ではなく、庁舎の使用というよりは一時的な立ち入りに過ぎません。

　よって、使用許可ではなく、総務課長などの了解・確認の対象とすることで十分であり、それが適当です。庁舎管理規則の「許可」も、「許可」という表現を使用しているものの、行政処分としての許可ではありません。

第3章 管理の委託(指定管理者制度、管理代行制度)

　自治体の事務（しごと）は、原則として、「委託できる」という法的な根拠がなくても契約によって委託することができます。しかし、行政処分の権限を委託（委任）する場合は、法律の根拠が必要となります。よって、公の施設の管理を委託する際にも、業務委託契約では、使用許可を委託することはでません。

　そこで、公の施設の管理の委託を進めるために、許可を含めて委託できる指定管理者制度が自治法に設けられています。

1　公の施設の管理の内容

　公の施設の管理、つまり、公の施設の設置目的を実現させるためのさまざまな事務は、物的な管理、人的な管理及び法的な管理に分けることができます。

① 物的管理─施設の清掃、補修、点検など

② 人的管理─受付、案内、講座やイベントの実施など

③ 法的管理─施設の使用許可、使用料の決定、使用料の減免

　③の法的管理は、住民の権利や義務に直接かかわる法律行為（行政処分）の事務です。また、①物的管理及び②人的管理は、法律行為の事務ではない、つまり、住民の権利義務には直接には関係がないという意味から「事実行為（の事務）」と呼ばれます。

　公の施設の管理に限らず、自治体の事務は、その行政分野（税、福祉、財務など）だけではなく、「法律行為か事実行為か」、つまりは、「住民の権利や義務に直接かかわるものかどうか」という観点から分けられ、適用される法令や制度が異なっています。それは、法務自体が、そもそも住民の権利や義務を正しく（平等に）実現させるためのものだからです。「権利と義務」は法務や自治体事務のキーワードなのです。

① 物的管理—事実行為

② 人的管理—事実行為

③ 法的管理—法律行為

2 公の施設の管理における委託方法

　公の施設の管理を民間団体に委託する方法は、二つあります。

① 業務委託（契約）

② 指定管理者制度による委託（指定という行政処分）

　指定管理者制度について、業務委託とは根本的に異なる制度であるとか、「指定管理者制度は委託ではない」などと認識している職員、議員、受託者も少なくないようです。

　しかし、指定管理者制度も、自治体が管理している公の施設の管理を委託するための制度であり、あくまで委託方法の一つです。つまりは、「委託の指定管理方式」であり、「指定管理委託」なのです。「委託」といえば業務委託だけを指す場合が多いですが、本来は、指定管理者制度などを含むべき用語です。

3 委託における法的根拠の要否

　公の施設の管理を含め、自治体の事務（しごと）は、その効果的な執行のために、民間団体などに委託されることも多くなっています。

　しかし、どのような事務がどのような手続きで委託できるのか、あるいはできないのかという、自治体事務の委託についての一般的な法律はありません。

　委託に関することに限らず、法的な課題について、法令に「できる（授権）」も「できない（規制）」も存在しない場合においては、以下の正反対の二つの判断が成立します。

① 授権がないから行うことはできない。

② 規制がないから行うことができる。

　委託の場合は、すべての事務を自治体職員が直接行わなければならない理由、

つまり、委託を禁止する積極的な理由はないので、②の「『委託できない（してはいけない)』という法律の規定（規制）がないから委託できる」という判断が原則として採られています。

　ただし、許可などの行政処分や契約、つまり、法律行為については、法律の根拠なしに、長などの判断だけで委託（権限を委任）することはできません。法律行為は、自治体の事務の中でも住民の権利や義務を決定する最も重要な事務（権限）だからです。

4　委託の一般原則

　したがって、自治体の事務のうち、法的な権限の行使を伴わない事実行為の事務については、「委託することができる」という根拠規定がなくても、委託することができます。これが、自治体で広く行われている業務委託（契約）です。

　公の施設の管理についても、物的管理や人的管理（事実行為）の事務は、法令の根拠なしに業務委託することができます。

　一方、使用許可や使用料徴収などの法的管理（法律行為）の事務は、法律の根拠がなければ委託できません。

●法律行為の事務の委託―委託できるという法律の根拠が必要。

法律の規定（法制度）による委託

●事実行為の事務の委託―法律の根拠がなくても委託できる。

業務委託（契約）による委託

　これを公の施設の管理に置き換えると以下のようになります。

①　物的管理―施設の清掃、補修、点検、警備など

②　人的管理―受付、案内、講座やイベントの実施など

　事実行為だから委託の根拠不要。業務委託契約で委託できる。

③　法的管理―施設の使用許可、使用料の徴収、使用料の減免など

　法律行為なので法律の根拠が必要。業務委託契約では委託できない。

表1　自治体事務の委託と法律の根拠

	法律行為	事実行為
法律の根拠	要	不要
法律の根拠がない場合	委託不可	委託可

5　使用許可を委託するための制度～指定管理者制度～

　指定管理者制度は、法律の規定、具体的には、自治法244条の2第3項に根拠を持つ委託についての法制度です。

　よって、使用許可という法律行為（法的管理）の事務も委託することができます。指定管理者制度の根拠である自治法244条の2第3項の「管理を行わせることができる」とは、「公の施設の使用許可を委託（委任）することができる」という法的な意味を持つのです。単に「委託できる」という意味ではありません。

　指定管理者制度は、公の施設の管理において最も重要な使用許可の権限を民間団体に委任できるようにすることを目的として創られた制度なのです。

○地方自治法（一部略）

（公の施設の設置、管理及び廃止）

第244条の2

3　普通地方公共団体は、公の施設の設置の目的を効果的に達成するため必要があると認めるときは、条例の定めるところにより、法人その他の団体であつて当該普通地方公共団体が指定するもの（以下本条及び第244条の4において「指定管理者」という。）に、当該公の施設の管理を行わせることができる。

表2　業務委託契約と指定管理者制度の委託範囲

	法律の根拠	委託できる範囲		
		事実行為		法律行為
		〔物的管理〕清掃、警備等	〔人的管理〕受付、案内等	〔法的管理〕使用許可
業務委託契約	なし	○	○	×
指定管理者制度	あり	○	○	○

　自治体（普通地方公共団体＋特別区）のしごとを、ある観点から二つに分けてみました。

Ａ：生活保護の決定、財産の使用許可、住民票の交付決定、税の賦課

Ｂ：総合計画の策定、特産品のＰＲ、イメージアップ事業、イベントの実施

　両者を比べるとＢのしごとの方が目立つというか、創造的なしごとであるようにも思えます。また、相対的に多数の自治体職員は、ＡのしごとよりもＢのしごとの方を望む傾向にあるのかもしれません。

　しかし、Ａのしごとを自治体が実施するには必ず法（法律や条例）の根拠が必要となります。Ｂのしごとには、そのようなきまりはありません。Ｂのしごととは、基本的には、長や教育委員会などの執行機関の判断だけで実施できます。要綱によっても、根拠がなくてもかまいません。Ｂのしごとに関して、法律や条例が置かれている場合もありますが、それは義務的・必要的に置かれているわけではなく、政策的・政治的な理由からあえて法令でその内容を謳っているものです。法的な意味での「根拠（住民の権利や義務を発生させる根源）」ではありません。

● **法律行為と事実行為**

　Ａのしごとに法の根拠が必要とされている理由は、Ａのしごとは、住民の権利や義務の発生、変動、消滅にかかわっているからです。「権利」、「義務」とは社会において、実現することが保証されているものです。税を賦課すれば（物理的に言えば、納税通知書が届いたら）対象となる住民に税を納付する義務が発生します。行政財産や公の施設の使用許可を得れば、その場所のその期間については他の住民の利用を排除して独占的に使用できる権利が住民に発生します。

　そして、住民の権利や義務に直接かかわっている、つまり、法の根拠が用意されているＡのしごとのことを「法律行為」と呼びます。一方で、住民の権利や義務に直接関係のない、法の根拠が必要のないＢ群のしごとのことを「事実行為」と呼びます。自治体の事務は、政策的には福祉、観光振興、環境、建設などの分野によって分けられます。また、総務、法務、財務などのスタッフ部門も存在します。その分類とは別に法的に分類される場合があります。それが、

「法律行為か事実行為か」です。

● 法的な価値観

　行政分野を問わず、法律行為に法律や条例（法）の根拠が必要とされているということは、事実行為である総合計画の内容をどうするかよりも、法律行為である一つひとつの税の賦課や許可を出すことの判断の方が大切だという価値観が法に内在していることを意味しています。法においては、住民一人ひとりが持っている権利や負っている義務が何よりも大切なのです。法的に見れば、権利や義務、つまり「社会的な絶対」は、住民（人）そのものであり、人は権利と義務のかたまりです。権利義務を持つことができるものを法的には「人」と呼びます（「法人」の制度）。法は、権利や義務という概念を通して、「人」を大切にする社会を実現しようとしているのです。

　ですから、法を勉強することで、法が持っているこの「人を大切にする」という価値観を手に入れることができます。また、法に従って、一人ひとりの住民の権利や義務を実現させる努力をしていく中で、法の根拠を持つAのしごとが決して定型的な業務や単なるルーティーンワークではないことが理解できるようになります。

　法律行為と事実行為とを表にしてみました。

表3　法律行為と事実行為の例

	法律行為	事実行為
生活保護の決定	○	
財産の使用許可	○	
住民票の交付	○	
税の賦課・徴収	○	
総合計画の策定		×
特産品のPR		×
イメージアップ事業		×
イベントの実施		×

　法律行為には「○」を、事実行為には「×」を付けています。少し、変な表現を採っているように見えるかもしれません。該当する欄にしるしをつけるの

であれば、どちらも「○」を付けるのが普通ですから。

　あえて、このようにしたのは、この表を法的なものにするためです。一般的には、「○」は肯定的な意味を、「×」は否定的な意味を持ちます。この表は、法的なしごとに○を、法的でないしごとに×を付けています。自治体の事務（しごと）を法的な観点から評価すれば、このような「○×表」になるのです。

　誤解のないように補足しておきます。「×」を付したしごとが大切ではないとか、総体的な観点から見て、「○」が付いている法律行為よりも重要性が劣るなどと述べているわけではありません。法的な意味合いが「○」のしごとよりも少ないということをお伝えしています。例えば、「×」の事実行為については、そのあり方をめぐって、住民の側に不満があっても、原則的には裁判で争うことはできません。裁判所は「却下」、つまり、「この問題は、あなた個人の権利や義務に関わる問題ではない。だから、あなたに自治体を訴える権利はない」と判断することになります。

　法律や条例を解釈適用するときには、その前に、この表を10秒間ぐらい見つめてみてください。法律問題を解決するために必要となる価値観が心の中に芽生えるかもしれません。自分の判断基準や自治体内部での政策的な評価はさておき、「法的にはこうなるのだ」という法的な価値観を心にとめて、法律や条例の条文に当たってみると、その規定が設けられた意味が理解できたり、今までの解釈が変わってきたりする場合も少なくないと思います。

6　指定管理者制度の設計（まとめ）

　指定管理者制度の根拠である自治法244条の２第３項の「管理を行わせることができる」は、物的管理や人的管理（事実行為）が法律の根拠がなくても委託できることを前提として、法的管理（法律行為）である施設の使用許可の委託を可能にする意図で設けられています。公の施設の管理を委託できるようにすること自体の根拠ではありません。それについては、根拠は不要です。

　公の施設の管理のうち、事実行為の事務だけを委託する（使用許可は引き続き職員が行う）のであれば、業務委託によって民間団体に委託することができます。自治体で広く行われている入札などの手続を経た契約による委託です。

物的管理及び人的管理（事実行為）だけではなく、使用許可（法律行為）を含めて公の施設の管理を委託するためには、業務委託ではなく指定管理者制度によらなければならないのです。

ただし、後の単元（**11**）で詳しく記述しますが、使用許可などの法律行為の決定を行う過程での受付や審査の補助などは、「法律行為の過程における事実行為」として、法律の根拠がなくても委託することができます。

指定管理者制度の制度趣旨

指定管理者制度が設けられた趣旨をまとめます。

Ⅰ　自治体の事務を委託するについては、原則として「委託できる」という意味の法律の根拠は必要ない。自治体の判断だけで委託できる。

Ⅱ　しかし、法律行為を委託するには「委託できる」という法律の根拠が必要である。法律行為は、住民の権利義務を発生・消滅させる効果を持つ。

　　他の事務よりも重要であり、また、より公平性が要求される。よって、法律行為の権限は、原則として行政に専属しなければならないからである。

Ⅲ　公の施設の管理の中には、事実行為だけではなく、使用許可という法律行為（法的管理）の事務がある。

Ⅳ　したがって、公の施設の管理を包括的に委託するには、法律の根拠が必要となる。

Ⅴ　そこで、使用許可を含めて公の施設の管理を委託できるようにすることを目的として、自治法に指定管理者制度が設けられた。

7　使用料に関する事務の委託

公の施設の使用許可の際には、使用料を徴収することがあります。

（1）使用料の事務と指定管理者制度との関係

しかし、使用料に関する事務は、指定管理者制度の対象である公の施設の管理（自治法244条の2第3項）には含まれません。

よって、指定管理者は、使用料の決定や減免、督促、滞納処分などの使用料

に関する行政処分の権限を持つことができません。

（2）指定管理者に委託できる使用料の事務

そこで、指定管理者に使用料に関する事務を委託させるには、指定管理者制度とは別の委託の根拠が必要となります。しかし、使用料に関する法的な権限を民間団体に委託できる法制度はありません。

よって、指定管理者に委託できる使用料に関する事務は、法的根拠がなくても委託できる事実行為の事務に限られることになります。具体的には、使用料に関する事務のそれぞれの段階における自治体の意思決定の補助や窓口対応などの住民の権利義務には直接関係のない事務に限定されます。

これらの事務を委託した際には、指定管理者としてではなく、使用料に関する事務について業務委託を受けた団体として行うことになります。指定管理者としての業務ではないからです。ですから、厳密にいえば、協定とは別に業務委託契約が必要となります（便宜的に指定管理者との協定書に定めても差し支えはありません）。

（3）徴収委託・収納委託制度の趣旨

業務委託によって委託できる業務のうち、使用料の調定、納入の通知、収納を委託した場合には、住民の納付義務の履行を自治体ではなく、受託者が確認することになります。また、公金を受託者の管理下に置くことにもなります。

そこで、調定、納入の通知、収納については、事実行為であるにもかかわらず、委託する場合において、規制が設けられています。徴収委託と収納委託の制度です（自治法243条、同法施行令158条1項）。

制度の主な内容としては、自治体に告示や規則の制定を、受託者には収納した歳入の適正な払い込みを義務付けています。告示は、受託者に収納することで、自治体に納付したのと同じ法的な効果、つまり、納付が完了することを住民に知らしめるためです。

（4）徴収委託・収納委託制度の対象

実務においては、使用料を決定してから最終的に収納するまでのすべての過

程を指して「徴収」と呼ぶことが多いようです。「徴収事務」などという場合です。「水道料金の徴収権限は長ではなく企業管理者にある」という場合の「徴収」も、使用料の事務全般を指しています（地方公営企業法９条９号）。

しかし、徴収委託や収納委託の制度においては、規制の対象である「調定、納入の通知、収納」を「徴収」と定義しています。

● 調定─決定された納付額や納期の最終確認。納入の通知や納付書発行の準備行為。調定決議による。事実行為であり、内部的な行為。

● 納入の通知─納入通知書の交付。納入を促す。事実行為。

● 収納─使用料の受け取り。事実行為。

徴収・収納委託は、指定管理者制度のような指定という行政処分で委託されるのではなく、形式としては通常の委託契約です。業務委託契約と同じです。

同じ委託制度であっても、指定管理者制度が使用許可という民間団体が受託できない事務（行政処分、法律行為）を「できるようにする」ためのものであるのに対し、徴収・収納委託制度は、法的には受託できる事務（事実行為）について「実施方法に規制をかける」ことが目的です。

表４　指定管理者制度と徴収・収納委託制度との比較

	対象		目的	
	行政処分（法律行為）	事実行為	権限の付与	事務の規制
指定管理者制度	○		○	
徴収・収納委託制度		○		○

表５　徴収委託制度における「徴収」の各段階の法的性質と効果

	法的性質	住民への効果
調定	事実行為	内部行為
納入の通知	事実行為	外部行為
収納	事実行為	外部行為

表6　使用料に関する事務についての委託の可否と根拠

		決定	調定	納入通知	収納	督促等
委託できる	徴収委託		○	○	○	
	収納委託				○	
	一般的な委託契約	これらの準備・補助行為。窓口での応対。文書の発送など				
委託不可		○				○

　指定管理者制度は、公の施設の使用許可という行政処分の権限を委託（委任）できるようにするための制度です。なぜなら、法的な権限を委任することになる委託を行うには、法律の根拠が必要だからです。

　いい換えれば、法的な権限の委任を伴わない委託を行うには、法律の根拠は必要ありません。

　ということは、「調定、納入の通知、収納」という事実行為からなる徴収の委託の場合は、法律の根拠によらず、一般的な業務委託契約でも委託できると考えられそうです。にもかかわらず、徴収・収納の委託は自治法に根拠が置かれています（同法243条、同法施行令158条）。

　これは、徴収・収納委託の制度は、指定管理者制度のように法的権限を与えるためのものではなく、事実行為である「職員でない者が公金の徴収（収納を含む）や収納を行うこと」を「公金の取り扱い」という見出しを付けて禁止したうえで、それを解除するためのものだからです。自治法243条で私人による公金の取扱いの禁止とその例外とを完結的に定めているのです。

　なお、地方公営企業法における徴収・収納の委託は、自治法とは書きぶりが違って、「公金取扱いの制限」とはされていません。そこで、地方公営企業法33条の２の徴収に「料金決定（賦課）」の意味を含ませて、水道施設や公立病院の指定管理者には、使用料（料金、診療費）の決定権限を含めて委託できると解釈することもできそうです。

　「徴収」は、自治法において、さまざまな意味に使われており、決定の概念を含まないのは、徴収委託の根拠である自治法243条と調定や納入の通知について定めた同法231条だけだからです。地方公営企業法９条９号では、徴収は、

決定だけでなく、滞納処分や減免も含んだ概念となっています。

　しかし、地方公営企業法33条の２の規定が、その役割からみて自治法243条と内容が異なることは想定できないので、やはり、公営企業における使用料の徴収委託においも、決定権限の委任はできないと考えられます。

○地方公営企業法

（公金の徴収又は収納の委託）

第33条の２　管理者は、地方公営企業の業務に係る公金の徴収又は収納の事務については、収入の確保及び住民の便益の増進に寄与すると認める場合に限り、政令で定めるところにより、私人に委託することができる。

納入の通知の役割の違いと委託の範囲

　行政財産や公の施設の使用料の場合は、使用許可の際にその条件として使用料の納付が義務付けられます。この段階で、住民に使用料を納付する義務が発生します。よって、徴収委託における徴収の一段階である納入の通知は、すでに発生した義務の履行を具体的に促す行為であり、行政処分ではありません。

　一方で、上・下水道使用料は、使用後の検針の際に使用料の額が確定します。よって、納入の通知が納付義務を決定する行政処分の役割と納入の通知の役割の二つを持つことになります。

　したがって、上・下水道使用料のように、納入の通知によって使用料の納付義務が決定される場合の徴収委託の際には、納入通知書の名義は、受託者ではなく企業管理者となります。使用料の決定権限は、徴収委託の範囲には含まれず、また、決定権限を委託できる根拠は存在しないからです。

　一般の公の施設や行政財産の使用料の場合（行政財産の使用許可は指定管理者に委託できませんが、使用料の徴収は委託できます）は、納入通知書は受託者名となります。

図1　行政財産の使用料・公の施設の使用料の徴収の流れ

使用料の決定	調定	納入の通知	収納
・使用許可書	・調定決議書	・納入通知書 ・納付書	・領収書

図2　上下水道使用料の徴収の流れ

使用の開始	調定	使用料の決定 納入の通知	収納
・（届出）	・認定決議書 ・（検針）	・納入通知書 ・納付書	・領収書

表7　公の施設や行政財産の使用料の徴収委託・収納委託の範囲

		決定 （賦課）	調定	納入通知 （通知書の名義）	収納
一般的な公の施設の使用料	徴収委託	×	○	○（受託者）	○
	収納委託	×	×	×	○
上・下水道使用料	徴収委託	×	○	○（企業管理者）	○
	収納委託	×	×	×	○
行政財産の使用料	徴収委託	×	○	○（受託者）	○
	収納委託	×	×	×	○

徴収委託についての法解釈

　徴収委託・収納委託の根拠規定です。この条文を使って、法解釈の勉強をしてみましょう。やや難解かもしれません。

○地方自治法
　（私人の公金取扱いの制限）
第243条　普通地方公共団体は、法律又はこれに基づく政令に特別の定めがある場合を除くほか、公金の徴収若しくは収納又は支出の権限を私人に委任し、又は私人をして行なわせてはならない。

　自治法243条では、私人による「徴収」、「収納」を禁止しています（ここでは「支出」は除きます。）。ただし、「政令に特別の定めがある場合を除くほか」という禁止の例外が予定されています。

　その予定を受けて自治法施行令158条が、使用料などについては徴収委託や収納委託ができると規定しています。

Q1：Y市では、民間団体Aに、公営住宅の家賃についての窓口事務を委託しています。委託の内容は、支払いに来庁した住民（主に納付が遅れている者）に対して、市長名の納付書を発行し、庁舎内にある収納代理金融機関で納付するよう指導することです。また、納付方法などについての相談指導も行っています。

　　このY市からA団体への委託は自治法施行令158条の徴収委託や収納委託に当たるでしょうか。

A1：自治法施行令158条の徴収委託とは、調定、納入の通知、そして収納を委託することです。A団体は調定も納入通知も行っていないので、Y市での委託契約はこれに当たりません。また、家賃を受け取って保管し、領収書を出すこともしていませんから、収納委託でもありません。一般的な業務委託契約によるべきものです。

　　自治法243条の見出しだけから判断して、「A社も公金を『取り扱っている』のだから、徴収委託か収納委託に当たる」などと判断する職員が、相当数いたとしたら（いないと思いますが）、まずは、「根拠条文を読みましょう」というあいさつ運動的なキャンペーンを庁舎内で企画する必要があります。

　　実際には、「徴収に関する事務を委託しているのだから徴収委託ではないか」という類の論旨を展開する職員が比較的多くみられます。これは、「条

文の国語読み」です。背景にあるのは、「どのような結論になろうが（おかしな結論が導き出されようが）文理的に筋の通る解釈が正しい」という態度です。

　自治法243条は、自治体の歳入の収入における一定の事柄、つまり、調定などを民間団体等に委ねることを禁止する意図をもってそれを「徴収」や「収納」と表現したのです。

　その意図、つまり、立法の目的や趣旨を把握し、条文を手掛かりにしてその実現を企てるという精神作用が法の解釈です。辞書を引いて条文を読む作業とは性質が違います。

　古い表現ですが「お友達でいましょう」が「お友達になりたい」という意味ではないように、Ｙ市とＡ団体との徴収委託契約も徴収委託や収納委託ではないのです。

　何と表現されていようが、立法者（彼女）の意図によれば、Ｙ市とＡ団体との委託契約は、徴収や収納ではない（好きではない）のです。何がここでの徴収や収納に当たるか（どのような人が好きなのか）は、条文の表現における一般的な意味（彼女の言葉）ではなく、立法趣旨（彼女の心）が決めることなのです。

Q2：自治法243条がなかったとしたら、同法施行令158条に規定されていない歳入についても徴収委託等ができるでしょうか。

A2：答えは二つあります。

①徴収委託を原則禁止している自治法243条自体がなくなるのだから、どんな歳入でも、また、誰でも公金の取り扱いができる。

②自治法243条の禁止は、私人が公金の徴収や収納を行うべきではないという当然のことを確認的に規定しただけである。よって、自治法243条がなければ、その委任を受けて、徴収委託できる場合を規定している同法施行令158条もなくなるので、そもそも徴収・収納の委託自体ができなくなる。

　ここでは、自治法243条がなかったら、その委任を受けて制定されている同法施行令158条も存在しないのだということを（理解できるかどうか）、まずは確認してください。

　そのうえで、①では、自治法243条の規定を「創設的なもの」、②では「確認的なもの」と捉えています。

法（法律や条例）は憲法の規定や社会常識を基礎として創られています。よって、法律がなくても当然そうなのだが、重要なことなので改めて規定しておこうという趣旨の確認的な規定も存在します。

　何が創設的なものでどれが確認的な規定なのかは、広義の法務能力（哲学としての法務についての理解、常識、広範な知識、けれんみのない考え方、しがらみのない立場）によって判断されます。法制執務や裁判についての知識で太刀打ちできる事柄ではありません。「法律の前にあるもの」を感知する能力なのですから。

　ここでは、②のほうを正解としておきます。自治法243条の意味は、「法律又はこれに基づく政令に特別の定めがある場合は、私人に公金を取り扱わせることができる」を規定するために、「公金の徴収若しくは収納又は支出の権限を私人に委任し、又は私人をして行なわせてはならない」を確認的に書き起こしたのだと考えられます。「……できる」だけでは、条文として成り立たないからです。

徴収委託における制度的な課題

　徴収委託においては、使用料の決定は委託（委任）できません。ということは、指定管理者制度を採用した公の施設において、指定管理団体に使用料の徴収委託をした場合であっても、使用料の決定権限は自治体の側に残ります。

　使用許可を含めて管理全般を委託でき、使用料の徴収（調定、納入通知、収納）も委託できるのですが、使用料の決定だけ自治体が「直営」するというのは、とてもちぐはぐです。

　この法的な問題は解決が困難です。いくつか解決するための案とその欠陥を挙げます。

① 　許可権限は指定管理者にあり、使用料は許可の条件なので、使用料の決定権限を許可権限の一部と考える。

　　欠点：使用料の決定は許可とは別の行政処分。また、使用料の決定は管理権限には含まれない。

② 　納入の通知は、徴収委託の受託者（指定管理者）が行うので、使用許可ではなく、納入の通知によって使用料が決定されると考える。

欠点：納入の通知が使用料の決定の役割も担うことになるだけで、委託できないという結論は同じ。むしろ、納入の通知が行政処分となるので収納委託しかできなくなり、委託の範囲が狭くなる。

③　使用料の決定は、条例別表などによって明確になっているので、そもそも決定（賦課）という行為が必要ない。

欠点：使用料の徴収については審査請求できる（水道や公営住宅などの契約関係で使用料が決定される場合を除いて、使用料の徴収のどこかの段階で行政処分が介在する）という自治法の規定と整合しない（自治法229条）。そもそも、債務者の権利保護に欠ける。

　結局、利用料金制度を採用しない限り、公の施設における使用料を決定する事務を指定管理者に委ねることはできないと考えられます。

　実務においては、「指定管理者制度と徴収委託と組み合わせた場合、使用料の決定を含めて委託できるのだ」と、その根拠はさておき理解しておくほかはないと考えられます。

表8　徴収・収納委託をした場合の指定管理者の権限（制度と実体）

	権限	使用許可	使用料の決定	徴収		
				調定	納入の通知	収納
制度上	指定管理のみ	○				
	（徴収事務受託）	○		○	○	○
	（収納事務受託）	○				○
実態	指定管理のみ	○				
	（徴収事務受託）	○	○	○	○	○
	（収納事務受託）	○				○

＊○のない部分は自治体の権限

利用料金制度

　使用料の範囲内で指定管理者が自治体の承認を得て、自らの収入とすることができる制度が用意されています。この指定管理者が自治体の使用料に代わって得る収入を「利用料金」と呼びます（自治法244条の2第8項）。

　利用料金の額は条例で定める必要はありませんが、利用料金制度を採用する

こと自体は、条例で規定しなければなりません。また、利用料金制度を採る場合でも、使用料は条例で定める必要があります。利用料金の上限額の役割を果たします。

そもそも指定管理者に委託するか、それとも、自治体が自ら管理するのか、さらには、利用料金制度を採用するかどうかはあらかじめどちらかに決めておくべきことでも決められることでもありませんから、使用料の規定は必要です。

利用料金については、減免も条例などの自治体の減免基準に準じて指定管理者が行います。指定管理者自らの収入だからです。

ここでは前提として、指定管理者制度を採用した場合、使用許可は指定管理者が行うことになりますが、使用料は指定管理者ではなく自治体の収入になることを、理解しておく必要があります。だから、利用料金制度があるのです。

表9　使用料と利用料金制度との違い

	収入の帰属	徴収権限	減免権限
使用料	自治体	自治体	自治体
利用料金	指定管理者	指定管理者	指定管理者

○地方自治法（一部略）

（公の施設の設置、管理及び廃止）

第244条の2

8　普通地方公共団体は、適当と認めるときは、指定管理者にその管理する公の施設の利用に係る料金（次項において「利用料金」という。）を当該指定管理者の収入として収受させることができる。

9　前項の場合における利用料金は、公益上必要があると認める場合を除くほか、条例の定めるところにより、指定管理者が定めるものとする。この場合において、指定管理者は、あらかじめ当該利用料金について当該普通地方公共団体の承認を受けなければならない。

　電柱、ケーブル、自販機、コインパーキングなどの設置に関する行政財産の使用許可、いわゆる目的外使用許可は、行政財産の管理に関する権限であり、公の施設の管理に関する権限ではありません（自治法238の4第7項）。

　よって、指定管理者制度によって委託（許可権限を委任）することはできません。また、法律行為なので業務委託契約によって委託することもできません。現在の法制度では、行政財産の使用許可を民間団体に委託（権限の委任）できる法的根拠はありません。

　恒常的な空きスペースを貸付けることができる行政財産の貸付制度についても、契約は法律行為ですから、同様に指定管理者をはじめとした民間団体には、委託（権限を委任）することはできません（自治法238条の4第2項4号）。

　行政財産の使用料や貸付料の徴収や収納は、委託することができます（自治法243条、自治法施行令158条）。

表10　公の施設と行政財産の委託の範囲

		業務委託		指定管理者制度	
		徴収委託なし	徴収委託あり	徴収委託なし	徴収委託あり
公の施設	使用許可	×	×	○	○
	使用料徴収	×	○	×	○
行政財産	使用許可	×	×	×	×
	使用料徴収	×	○	×	○
	貸付契約	×	×	×	×
	貸付料徴収	×	○	×	○

9 / 個別管理法上の許可の委託

　公営住宅法、都市公園法、学校教育法などの公の施設や行政財産の管理に関する法律（個別管理法）が制定されている公の施設については、自治法よりも個別管理法の規定が優先されます。

　よって、個別管理法に委託の根拠が置かれていない場合は、「使用許可を委

託できる（自治法）」よりも「委託の根拠がない（個別管理法）」が適用されます。結果として、使用許可は委託できません。

　ただし、使用許可を委託できないことを前提として、事実行為だけを委託の対象とするのならば指定管理者制度を採用することができます。そのときは、業務委託契約と指定管理者制度との間で委託できる業務の範囲について、違いがないことになります。

表11　個別管理法がある場合の委託の範囲

		業務委託契約	指定管理者制度
個別管理法あり	事実行為	◯	◯
	法律行為（許可）	×	×
個別管理法なし	事実行為	◯	◯
	法律行為（許可）	×	◯

10　公営住宅における管理代行制度

　公営住宅における入居者の決定も、公営住宅法を根拠とした行政処分なので、指定管理者に行わせることはできません。入居決定の通知書（使用許可書）の名義は、指定管理者制度を採用した場合であっても、事業主体の長である自治体の長となります。

　しかし、公営住宅法には、「管理代行」という委託制度が用意されています（公営住宅法47条）。この管理代行制度によって、個別管理法がない公の施設について指定管理者制度を採用したときと同じように、入居決定の権限を含めて、委託することができます。しかし、委託先が住宅供給公社などに限定されています。民間団体には委託できません（同条）。

　よって、公営住宅の管理の委託においては、次の二つのうちからの選択を行うことになります。

●　委託先の選択範囲を優先する

　―指定管理者制度又は業務委託契約を使って、民間団体（公社も可）に入居決定の権限を与えずに委託する。

●　委託できる事務の範囲を優先する

—管理代行制度を使って、公社に入居決定の権限を含めて委託する。

　指定管理者制度において使用料に関する事務が含まれないのと同様に、管理代行制度においても、家賃の決定、徴収、減免などの権限は公社には委託（委任）することはできません。

　このうち、徴収のみ、別途、公金の徴収委託契約の締結によって委託することはできます（自治法243条、同法施行令158条）。

指定管理者制度と管理代行制度の対比

　指定管理者制度は、「普通地方公共団体は、行わせることができる」と規定されています（自治法244条の２第３項）。公営住宅法の管理代行制度は、「住宅供給公社は、行うことができる」です（同法47条）。

　どちらも、自治体から受託者への委託や権限委任の根拠ですが、地方自治法は自治体のしくみを規定する法律であり、公営住宅法は公営住宅のしくみを規定する法律であることからの違いです。

○公営住宅法（一部略）

（管理の特例）

第47条　次の各号に掲げる地方公共団体又は地方住宅供給公社は、当該各号に定める公営住宅又は共同施設について、一団の住宅施設として適切かつ効率的な管理を図るため当該地方公共団体又は地方住宅供給公社が管理する住宅その他の施設と一体として管理する場合その他当該公営住宅又は共同施設を管理することが適当と認められる場合においては、当該公営住宅又は共同施設を管理する事業主体の同意を得て、その事業主体に代わつて当該公営住宅又は共同施設の第３章の規定による管理（家賃の決定並びに家賃、敷金その他の金銭の請求、徴収及び減免に関することを除く。以下この条において同じ。）を行うことができる。

表12　公営住宅の管理における指定管理と管理代行との違い

		業務委託契約	指定管理者制度	管理代行制度
委託先	民間団体	○	○	×
	自治体、公社	○	○	○
委託の範囲	事実行為（維持修繕等）	○	○	○
	法律行為（入居決定）	×	×	○
	法律行為（家賃の決定）	×	×	×

　公の施設の使用許可などの法律行為は、指定管理者制度のような委託についての法律の根拠がなければ委託できません。

　しかし、法律行為の事務についても、最終的な決定権を委託せずに自治体が自ら行うことさえ担保していれば、事実上、委託することができます。

　公営住宅法において、指定管理者には委託できないとされている公営住宅の入居許可（公の施設の使用許可）を例に挙げます。

　公営住宅の入居決定は、行政処分（法律行為）です（公営住宅法25条1項）。決定（許可）によってその住宅（部屋）を使用する権利が申請者に発生します。入居決定は法律行為なので委託するには法律の根拠が必要ですが、公営住宅法では、入居決定は事業主体の長が行うとされており、その事業主体は自治体に限定されています（同法2条16号）。よって、決定の権限自体は委託（委任）できません。

　ここで、公営住宅も公の施設であり、公営住宅の入居決定は公の施設の使用許可に当たるのだから（ここまでは正しい理解です。）、公の施設の使用許可を委託できる指定管理者制度は公営住宅の管理についても適用されるのではないか、という疑問を持つかもしれません。

　この点については、指定管理者制度の根拠法である自治法よりも公営住宅法が優先します。よって、指定管理者制度の「使用許可を委託できる」は、「使用許可（入居決定）は、事業主体」に打ち消されるのです。

○公営住宅法（一部略）

（用語の定義）

第2条　この法律において、次の各号に掲げる用語の意義は、それぞれ当該各号に定めるところによる。

　十六　事業主体　公営住宅の供給を行う地方公共団体をいう。

（入居者の選考等）

第25条　事業主体の長は、入居の申込みをした者の数が入居させるべき公営住宅の戸数を超える場合においては、住宅に困窮する実情を調査して、政令で定める選考基準に従い、条例で定めるところにより、公正な方法で選考して、当該公営住宅の入居者を決定しなければならない。

しかし、入居決定に至るまでの過程に従って、決定の事務を分解してみると、結論は変わります。

法律行為の中の事実行為の委託

　公営住宅の入居決定における過程は、次のようになります。

　窓口案内→申請書の記載指導→申請書受取→審査→（抽選）→入居決定→決定通知書の交付・郵送

　このように、入居決定全体を一つの事務ではなく、複数の事務として分けて捉えることもできます。これらの細分化されたそれぞれの事務を、法律の根拠がなく委託できるものとそうでないもの、つまり、事実行為と法律行為に分類すると、次のようになります。

● 　窓口案内、申請書の記載指導、申請書受取、審査（、抽選）

　決定通知書の交付・郵送―事実行為＝委託可能

● 　入居決定―法律行為＝委託不可

　公営住宅の入居決定（公の施設の使用許可も同じです）については、決定そのもの、つまり、申請者のうち誰を入居させるかという判断そのもの以外は、「委託できる」という根拠がなくても委託が可能です。全体としては、委託に根拠が必要な法律行為の事務であっても、その事務を行う過程には、根拠がなくても委託できる事実行為の事務が存在するのです。

　公営住宅を含む公の施設の管理においては、指定管理者には委託できない行政財産の使用許可（目的外使用許可）などの事務についても、申請書の受領や許可書の引渡しなどの決定自体（行政処分）以外の事務であれば、委託することができます。

　端的にいえば、自治体による組織的な最終決定（起案・決裁）と責任の担保（自治体の機関名での意思表示）さえ行われていれば、法律行為の事務であっても、その実質的な処理を委託することはできると考えられます。「（全く）委託できない事務はない」のです。その意味で、指定管理者や管理代行制度の受託者と業務委託契約の受託者との役割の違いは相対的です。

　ただし、指定管理委託における協定とは別に業務委託契約が必要となります。指定管理者制度に基づく委託ではないからです。指定管理者への委託業務の中

に、法律行為の過程における事実行為の事務を含ませることは、実務上は広く行われていますが、適当ではありません。

表13　財産管理・債権管理における自治体事務の委託の範囲

		決定権限の行使 （決裁、文書の名義）		決定に至る事実行為 （受付、内容確認・審査、発送など）
		法律の根拠あり	法律の根拠なし	法的根拠は不要
法律行為	公の施設の使用許可	○		○
	行政財産の使用許可		○	○
	行政財産の貸付		○	○
	使用料の決定		○	○
	延滞金の決定		○	○
	公営住宅の入居決定	○		○
	公営住宅の家賃の決定		○	○
事実行為	清掃、補修、受付	－	－	○

業務委託契約への「回帰」

　自治体の責任の確保、組織内部の連携、自治体におけるノウハウの蓄積から考えると、指定管理者制度から業務委託契約への積極的な意味での「回帰」を図っていくことも検討されるべきでしょう。「定型的な処理は受託者、決定・責任は自治体」は、ベストミックスであるとも考えられます。

　ここは、指定管理者制度を導入した図書館です。「住民票はどこで請求したらよいですか。」と住民に尋ねられ、指定管理者の従業員が怪訝そうな表情を浮かべています。「ここで尋ねることではない（ここでは分からない。）。」と言いたいのでしょう（実際に言ったかもしれません。）。

　「ここ」は、直営時には、図書館であるだけではなく、その自治体の組織の一つ（課相当の組織）でした。そこでは、その問いに答えることは、確かに図書館職員の当然の責務であったはずです。

　「お役所仕事」には二つの意味があります。解消すべきほうではなく、もう一つの意味まで委託によって失ってはいけません。

12 個別管理法と指定管理者制度の関係

　施設の清掃、補修、点検などの物的な管理や受付、案内、講座やイベントの実施などの人的管理の事務であれば、そもそも、指定管理者制度のような法的な根拠がなくても委託できます。

　そこで、個別管理法がある公の施設については、使用許可（法的管理）を除いて委託するのならば、指定管理者制度を採用してもよい、という解釈が採られています。その場合に、利用料金制度を導入することもできます。

　また、条例に根拠を持つ許可であれば、個別管理法の規制の外なので、指定管理者に委託することができます。都市公園の使用許可などの例があります。

個別管理法がある公の施設における指定管理者制度

　指定管理者制度は、そもそも、使用許可を委託できるようにするための制度です。にもかかわらず、各省庁からの通知には、「個別管理法があって、使用許可を委任できない場合でも、指定管理者制度を採用できる」という趣旨のものがあります。

　これに従っている現在の運用は、制度の内包や意義を失わせていると考えられます。そもそも、使用許可の権限、つまり、施設利用者を決定するという、施設管理において一番大切な事柄を決めることができない者を「（指定）管理者」とは呼べないでしょう。

図3　個別管理法の有無と指定管理者に委託できる範囲

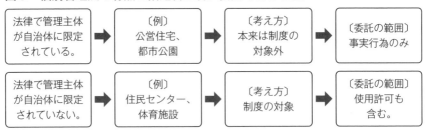

指定管理者制度においては、業務委託のような契約ではなく、議決を経た指定という行政処分によって委託する方式が採られています。

契約の場合、受託者の行為が、契約書における「○○の場合は、市は契約を解除することができる」の「○○（解除の条件）」に該当すると自治体が判断しても、受託者が契約違反を認めなかった場合、自治体の意志だけでは、契約関係を解消することはできません。「契約違反である」は、契約の当事者である自治体の主観的な認識による主張にすぎません。契約は、一方的には解除できないのです。

それでも、業務委託契約の場合は、委託後も使用許可は自治体が行っているため、受託業者に不適切な行為があったとしても、直ちに住民の利用自体ができなくなるわけではありません。

しかし、指定管理者制度による委託の場合は、原則的には、使用許可の権限を含めて公の施設の管理事務すべてが委託されます。指定管理者によって、住民の利用自体が阻害される事態も想定され得ます。

そこで、指定管理者制度においては、指定という行政処分で委託することによって、指定管理者が管理を継続するにふさわしくないと自治体が判断した場合には、「指定取消し」という自治体の一方的な行為（判断）で、強制的に管理を止めさせることができるように、制度設計されているのです。

表14　行政処分と契約との法的効果の違い

	法的性質	発生・消滅
指定	行政処分	自治体の意思
業務委託契約	契約	双方の合意

×「指定管理者制度」○「指定管理委託」

自治体が事務を委託するに当たっては、受託者によって、その事務が実現することが保障されなければなりません。いい換えれば、受託者において委託した自治体の事務を履行する義務を発生させなければならないのです。

権利や義務を発生させる方法としては、

①　当事者の合意による契約

②　法律や条例に基づく行政処分

の二つの方法があります。委託においては、一般的には①の契約方式が採られています。実務上、「業務委託（契約）」と呼ばれています。

　指定管理者制度は、②の行政処分方式です。ここでは、指定管理者制度が「指定という行政処分で委託する」という委託の手続きにおいて個性を持ったものに過ぎず、あくまで、委託の一方式であることも確認しておいてください。

　固い（堅い）料理（使用許可の事務）を食べる（委託する）のに、箸（契約）ではうまく行かないので、ナイフとフォーク（行政処分）を使っているだけです。指定管理者が納得しなければ裁判手続きが必要となる契約方式では、不適切な管理が発生した際に対応できないので、自治体の一方的な意思による「指定取消し（行政処分）」で委託関係を解消できるようにしているのです。

　指定管理には、「（委託とは違う新たな）制度」と評価できるほどの創設的なしくみは存在しません。基本的には、民法の契約規定が適用されます。「指定管理委託」がより適切な呼び名だと考えられます。

14　指定管理者の法的立場（損害賠償責任と自主事業）

　指定管理者は、自治体から委託を受けますが、受託した事務の執行において、住民に対して自治体の立場に代わるわけではありません。

　その事務を執行する長などの執行機関の立場に立ちます。このような委託の形態を「権限の委任」と呼ぶことがあります。これは、事務（ここでは、その公の施設の管理）を行う権限は委託（委任）するけれど、事務（しごと）自体は自治体の事務のままであるということを表しています。自治体の立場に代わる場合は「事務の移譲」と呼ばれます。

　よって、長などの執行機関が行った行為の結果が、自治体に帰属するのと同じように、指定管理者が行った行為も自治体に帰属します。

　指定管理者の不適切な管理が原因となって発生した住民の損害賠償責任やいわゆる自主事業と呼ばれている行為がもたらす収入も、指定管理者（団体）で

はなく、自治体に帰属するのです。

　自主事業かどうかにかかわらず、事業に伴う収入を指定管理者のものとするためには、『公の施設の使用許可又は行政財産の使用許可を受けて、指定管理者としてではなく、許可を受けた民間団体として、その事業を実施する』必要があります。『許可を受けずに事業を行えば、自治体の機関（長や教育委員会の代わり）として行ったことになり、その収入は、指定管理者ではなく自治体に帰属』します。

　指定管理者には、『自分の社屋や店を使って事業を行っているのではない』、『法律や条例に基づく「公の施設の管理」を自治体に代わって行っているのであり、他の民間団体から仕事を請け負っているのではない』ことをしっかりと理解させてください。『指定管理者としての［立場］を理解させること』が指定管理者制度の適切で効果的な運用における最も困難な課題となっています。

　『許可を受ける（カウンターの反対側に回って、列の最後尾に並ぶ）こと、つまり、「利用者」としての立場を正統な手続きで確保しない限り、管理する公の施設を使って、委託料と利用料金以外の収益を得ることはできない』という立場が、「管理者」なのです。

　これは、公営住宅の管理の委託における管理代行制度の場合も同じです。同制度における受託者は、指定管理者と法的には同じ立場を持ちます。

表15　自主事業の実施形態と収入の帰属

	許可手続き	事業の位置付け	使用料の納付	実施主体の立場	事業収入の帰属
許可を受けずに行う	不要	管理行為	不要	管理者	自治体
施設の使用許可を受けて行う	要	許可行為	要	利用者	指定管理者
行政財産の使用許可を受けて行う	要	許可行為	要	利用者	指定管理者

「民間」について

　指定管理者制度の導入を検討するに当たって、職員にとって都合のよい「民間」を空想し、「民間＝非役所的」という大雑把な理解のもとに、委託を進め

ようとしてはいないでしょうか。自治体の方針の変更に素早く対応し、サービスの質は高く、しかも、多くの経費は要求しない、そんな「民間（団体）」が本当にあるのか、また、世の中にあっていいのか、よく（少しでもいいです）考えてみましょう。

　「民間（団体）」にも組織があり、意思決定のルールがあります。経営には法令の制限や株主の評価もあります。従業員の生活もかかっているのです。

Step2

財産管理の理解を深める
債権管理のしくみを学ぼう

第1章　債権管理の基本的なしくみ

　「債権」とは、所有権のような物に対する権利ではなく、人に対する権利のことです。ほとんどの場合は金銭を得る権利、つまり、金銭債権を意味します。

　自治体においても債権といえば、金銭債権を指します。自治体における債権管理の基本的なしくみは、自治法などの法律で規定されており、自治体ごとに異なる規定を置くことはできません。

1　債権の意味

　権利とは、ある人が望んでいるもの（「利益」とも表現されます。）のうち、社会において、法令や契約によってその実現が保障されている事柄です。

　権利は債権と物権とに大別されます。債権は、さまざまな権利を大まかに分類した場合のカテゴリーの一つです。

● 債権—人に対する権利—金銭債権、賃借権、使用貸借権など
● 物権—物に対する権利—所有権、抵当権など

　金銭債権も債務者に対する権利です。金銭の支払いを受けることを、その内容とします。金銭そのものではありません。権利の内容どおりに金銭の支払いを受ければ、債権は実現され、消滅します。

　なお、分担金、使用料、加入金、手数料、過料などは、歳入（の種類）であって、債権を示す用語ではありません。よって、「使用料債権」ではなく、正しくは、「使用料を徴収できる債権」です。

　しかし、本書では、実務に合わせて、歳入という意味でも「債権」を使用し、また、「使用料債権」という表現を用います。

```
○地方自治法（一部略）
　（債権）
　第240条　この章において「債権」とは、金銭の給付を目的とする普通地方公共団体の
　　権利をいう。
　2　普通地方公共団体の長は、債権について、政令の定めるところにより、その督促、
　　強制執行その他その保全及び取立てに関し必要な措置をとらなければならない。
```

自治体法務の基礎—債権管理の理念

　債権管理のしごとは、単に自治体の収入を確保するためのものではありません。許可や補助金の交付の事務と同じように、法令に従って、住民の権利義務を平等に実現することを目的としています。

　よって、「民法でいう日常家事債務に当たるので、債務者だけではなく、配偶者にも請求しよう」、「消滅時効にかかりそうなので、とりあえず分割納付の誓約を取っておこう」、「債権放棄条例の要件に当てはまっているが、徴収できそうなので徴収しよう」などという職員個人レベルの場当たり的な考えや創意工夫を活かすべき場面は、およそ存在しません。

　積極的（のように見える）やり方であっても、組織の方針にない方法で債権を実現させ、個人的な成績（徴収率）を上げた職員がいたとしたら、彼は、決して「徴収部門のカリスマ職員」などではなく、「債権管理とは何か」、さらには、「自治体の役割とは何か」を理解していない職員です。

　その債権をその時点において、徴収するかどうか、また、どのように徴収するかは、法令と自治体（組織）の方針によって決定されるべきものです。

● 自治体における債権管理の意味

　債権の帰属においては、自治体は確かに権利義務の主体に擬せられます。民事訴訟の当事者にもなり得ます。しかし、民間団体が自らの発意と資本によって、自らの利益のために債権の実現を図っているのとは違って、自治体は、法律や条例から与えられた事務を執行する中で、発生した債権を取り扱っています。「債権」の意味は、民間団体と自治体とでは根本的、次元的に異なるのです。

　端的にいえば、自治体の債権管理は、「取れば（徴収すれば）よい」というも

のではありません。自治体においては、法令の根拠に基づく限り、「徴収すること」、「減免すること」、「消滅させること」、この三つには全く同じ価値があります。

民間における彼らの経営手段ないしは存立目的である「債権回収」と自治体事務の一つである「債権管理」との違いを、自分なりに理解しておくことが大切です。

2 債権管理の基準

自治体の債権管理においては、「滞納処分」、「延滞金」、「消滅時効（時効）」という主に三つの基準があります。

① 滞納処分ができる債権（＝債権放棄条例の対象とならない債権）かどうか
　―自治法231条の３第３項
② 延滞金を徴収しなければならない債権かどうか
　―自治法231条の３第２項
③ 消滅時効について、５年の経過によって、自動的に消滅する債権かどうか
　―自治法236条

この三つの基準は、それぞれ、別の根拠を持っています。相互に独立したものです。適法な債権管理を行うためには、これらの三つの基準を混同せずに、その範囲や対象となる債権の違いを正確に理解しなければなりません。

表1　債権管理の各基準と主な自治体債権

	①滞納処分	①―1債権放棄条例	②延滞金徴収	③自動消滅
公営住宅家賃	×	○	○	○
診療費	×	○	○	×
水道料金	×	○	○	×
主な使用料	×	○	○	○
税	○	×	○	○
保育料	○	×	○	○
給食費	×	○	×	×
損害賠償金	×	○	×	×
貸付金	×	○	×	×

債権は、「契約」又は「行政処分」によって発生します。

● 契約―権利義務の当事者の合意

● 行政処分―法律又は条例の根拠に基づく自治体の一方的な意思表示

　民間における債権は、契約によって発生します。主には、物やサービスを提供した対価（代金）についての債権です。売買契約、請負契約、準委任契約などが主な契約の類型です（民法555条など）。

　自治体の債権は、契約だけではなく、行政処分によって発生するものがあります。税、健康保険料、介護保険料、保育料、使用料（自治法225条）のうちほとんどのものや手数料（同法227条）が行政処分によって決定されます。一方で、公営住宅の家賃や水道料金は契約によって発生します。

法律に基づく契約の意味

　公営住宅の使用料（家賃）や水道の使用料（水道料金）は、他の公の施設の使用料とは異なり、契約によって決められます。

　しかし、民間における契約とも異なり、当事者の意思で契約するかどうかや契約内容を決定する余地はありません。

　本来、行政処分には法律や条例の根拠が必要ですが、契約には必要ありません。「法律に基づく契約」という、少し違和感のある債権発生のしくみが公営住宅の家賃などにおいて採られていることになります。

　おそらく、公営住宅や水道においては、多数の住民と権利義務関係を結ばなければならないので、行政処分にすると審査請求の対象となり、その処理が途方もなく大変になるということが、「法律に基づく契約」というしくみが採られている理由の一つとして挙げられると思われます。

表2　債権の発生方式

	契約によって発生	行政処分によって発生
公営住宅家賃	○	
診療費	○	
水道料金	○	
上記以外の使用料		○
税		○
保育料		○
給食費	○	
損害賠償金	○（又は不法行為）	
貸付金	○（＊）	○（＊）

＊契約か行政処分かは法律や条例のしくみによる。

4　自治体債権の特殊性〜利用関係の設定と債権の発生〜

　民間における債権は、一般的には、債権の発生の原因となるものやサービスの提供を決定した契約の中で、契約条件の一つとしてその料金が決定されます。利用関係の設定と料金の決定とは、契約の締結という同じ法律関係の中で構築されます。「民間における債権発生の段階は一つである」と表現することもできます。

　一方で、自治体においては、特に使用料の場合、利用関係を設定する行為（段階）と、その使用料を決定する行為（段階）とが別の法律行為になっている、つまり、「2段階」になっています。

　例えば、公の施設や行政財産の場合、使用料は使用許可書によって許可の条件として示されますが、使用許可と使用料の決定とは別の行政処分です。

　公営住宅の場合は、2段階がより顕著です。入居者の決定を行政処分として行い、その後使用料である家賃の決定を契約関係で行います（公営住宅法16条及び25条）。

　自治体の債権管理を行うに当たって、理解しなければならないのは、「利用関係と対価の決定とは別の法律行為で形成される」という自治体債権の発生における民間にはない特別なしくみです。

表3　利用関係の決定と使用料等の決定

	利用関係の決定	使用料等の決定
公営住宅	許可（行政処分）	契約
公立病院	契約	契約
水道	契約	契約
上記以外の公の施設・行政財産	許可（行政処分）	決定（行政処分）
保育所	措置（行政処分）	決定（行政処分）

許可と使用料の決定との関係

　公の施設の利用関係は、使用許可や契約によって発生します。多くの場合、その利用について使用料を決定します。使用許可の場合に、使用料を決定することがその使用許可の附款、つまり、許可条件の一つであるという理解のし方があります。

　確かに、一般論として、また、行政法の教科書的にも使用料の決定、つまり、使用料の納付義務の設定は使用許可の条件といえるのでしょうが、自治体における使用料の決定は使用許可からは独立した使用許可とは別の行政処分です。その理由は次のとおりです。

①　公の施設の使用許可、行政財産の使用許可、使用料の徴収については、それぞれ別の審査請求の制度が用意されていること（自治法229条、238条の7、244条の4）。

②　教育委員会が使用許可を行う教育機関においては、権限の委任がない限り、使用料の徴収は長の権限であり、使用許可を行う行政庁と使用料の決定を行う行政庁とが異なること（地教行法22条6号）。

③　指定管理者に管理を委託した公の施設においても、利用料金制度を採用しない場合には、使用許可は指定管理者が行い、使用料の決定は長が行うことになり、それぞれの行政庁が異なること。

債権の発生方式と債権管理

　いくつかの裁判例においては、公営住宅や公立病院について、「その利用関係は本質的に契約関係である。」と、また、水道料金や診療費について「私法上の債権である」と判断されています。

そこで、「契約関係」、「私法上の債権」という裁判上の評価を、その判決とは関係のない債権管理のあらゆる場面に当てはめて、債権管理における法律問題を解決していこうとする立場があります。

　しかし、契約関係であれ何であれ、債権管理の手続きは、その債権（歳入）の根拠となっている法律のしくみによって決まります。督促の根拠や延滞金の対象となるかどうか、さらには、消滅時効について自治法が適用になるか、民法が適用になるかは、それぞれの根拠法によって決せられる事柄です。

　「契約関係であるか行政処分に拠るか」、「私法上（の債権）であるか公法上（の債権）であるか」という基準で債権管理を試みることは、自治体の歳入（債権）それぞれの発生原因である法的な制度設計を否定することになります。

　「法律によって、どのようなしくみを規定しても、その利用・給付に係る形態について、民間と同様のものがあれば、民間の債権と同様に扱う」という結論に繋がります。どんな法律が制定されても、契約上のもの、私法的なものには、その法律の規定は意味を成さないことになってしまいます。

　その趣旨や射程を理解しようとせずに、判決文の「私法上の債権」の一言を切り取って債権管理の事務に当たろうとする姿勢には、単なる法務能力の不足にとどまらない自治体職員としての根本的な課題を見出すことができます。

5　債権管理における収入の流れ

　使用料などの自治体の歳入は、次のような手続きを経て収入されます。行政財産や一般的な公の施設の使用料の場合と下水道料金などの場合とで異なります。

　債権管理において必要なのは、それぞれの法的な手続きがどのような形で行われているか、いい換えれば、実務におけるどの行為や作業が①〜④（④´）に相当するのかを把握し理解することです。

表4　債権管理の各段階

①使用料の決定	納付義務の設定。行政処分又は契約
②調定	決定された納付額や納期の確認。納入の通知や納付書発行の準備行為。調定決議による。事実行為であり、内部的な行為。
③納入の通知	納入通知書の交付。納入を促す。事実行為。
④使用料の収納	使用料の受け取り。事実行為。
④´督促、滞納処分	④が実現しない場合の事後手段。行政処分。

表5　債権管理の過程とその具体化手段

	①決定（賦課）	②調定	③納入通知	④収納	④´督促・滞納処分
一般的な公の施設・行政財産の使用料	使用許可書	調定決議書	納入通知書・納付書	領収証	督促状など
下水道使用料	納入通知書	調定決議書	納入通知書・納付書	領収証	督促状など

図1　行政財産の使用料・公の施設の使用料の収入の流れ

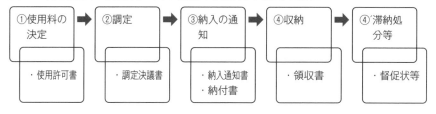

図2　下水道使用料の収入の流れ

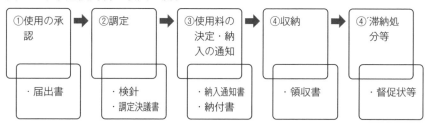

表6　自治体債権の収入における各過程の法的性質等

	法的性質	住民への効果
①使用料の決定	行政処分	外部行為
②調定	事実行為	内部行為
③納入の通知	事実行為	外部行為
④収納	事実行為	外部行為
④′督促、滞納処分	行政処分	外部行為

「決定（賦課）」と「調定」との違い

　債権管理の過程や段階についてよくある誤解は、使用料などを決定すること
と調定することとが同じだと考えてしまうことです。

　使用料などの決定（賦課）は、支出に置き換えると相手方との契約に相当し
ます。住民に対する補助金の交付における交付決定とも同じ段階です。ここで、
権利義務が発生します。

　しかし、契約が成立しただけでは、代金の支払いはできません。支出に関す
る決裁（支出負担行為、支出命令）が必要です。この決裁行為が、収入の場合は
調定（調定決議など）に当たります。

「納入の通知」の性質

　使用料などの自治体の歳入を収入する際には、納入の通知を行うことになり
ます（自治法231条）。具体的には、納入通知書を債務者に送付しなければなり
ません（同法施行令154条3項）。

○地方自治法

（歳入の収入の方法）

第231条　普通地方公共団体の歳入を収入するときは、政令の定めるところにより、こ
　れを調定し、納入義務者に対して納入の通知をしなければならない。

● 行政財産の使用料の徴収における納入の通知

使用料の額や納期は、行政財産や一般的な公の施設の使用料の場合、使用許可が行われる際に、使用許可書に記載された許可条件の一つとして示されます。

これは、実質的には、①の使用許可書の交付によって、許可と同時に使用料の決定という行政処分が行われることを意味します。

行政財産の使用許可書や公の施設の使用許可書は、法的にみれば、「使用料が附款として付けられた使用許可書」ではなく、「使用許可書兼使用料決定通知書」なのです。

③の行政財産の使用料の収入における納入の通知は、すでに発生している納付義務を履行させるための、事実行為としての通知です。多くの場合は、①の使用許可書と一緒に納入通知書（＋納付書）を交付します。

● 下水道使用料の徴収における納入の通知

下水道使用料の場合は、行政財産の使用料などの場合とは異なり、届出等によって利用関係が設定されたのちは、検針によって使用量を確認したうえで、使用料を決定していきます。

毎月の使用料は使用量によって変わります。また、行政財産の使用料のように、利用期間を設定して、利用のたびに許可を得ることはしません。使用料の決定（債務の確定）が個々の許可など（利用関係の設定）と結びついてはいないのです。

ですから、下水道使用料の収入においては、③の納付の通知より前に使用料

の納付義務を決定する段階がなく、②の調定をして③納入の通知を行うことで、使用料が決定されます。

　納入通知書によって、使用料を決定する納入通知処分と事実行為としての納入の通知とが同時に行われることになります。

　下水道使用料の納入通知書は、法的には、「使用料決定通知書兼納入通知書」なのです。

● **下水道使用料における納入の通知の二面性**

　いくつかの裁判例では、端的に「下水道使用料における納入の通知は行政処分である」と判断されています。その結論は、ここまでの本書の説明と同じです。しかし、理由付けにおいては誤解もあります。

　整理しておかなければならないのは、次の三つの区別です。

Ⅰ　自治体が自治法231条によって、収納に当たって行うべき「納入の通知」という行為

Ⅱ　自治体が行ったと観念される「納入（の）通知という行政処分（納入通知処分）」

Ⅲ　実態的に自治体から住民に交付された納入通知書

　下水道使用料の収入において、③の納入の通知の段階で、使用料が決定されるのは、「納入通知書」という題名のついた文書を交付すること（Ⅲ）によって、「使用料の決定（賦課）」（Ⅱ）と「納入の通知」（Ⅰ）の二つの効果が発生するためです。下水道使用料の納入の通知（Ⅰ）自体に使用料の決定の効果が加わるわけではありません。

　また、繰り返しになりますが、②の調定が使用料の決定であるとの誤解も多いようです。どちらも使用量を把握するという物理的な行為がその起点となっていますが、効果としては調定（事実行為、内部行為）と使用料の決定（行政処分、外部行為）とは別のものです。

● **納入の通知における処分性の考察における特異性**

　ある自治体の（機関の）行為が、「行政処分か事実行為か」という場合は、一般的には、その行為自体の性質が問われます。よくあるのは、勧告や指導が強

制力のある行政処分としての性質を例外的に持つのかという論点です。

　しかし、下水道料金の納入の通知が行政処分であるという場合は、納入の通知という自治体の行為に、納入の通知のほかに決定（賦課）という行政処分の効果が加わるという意味になると考えられます。

　下水道使用料の場合は、Ⅲの納入通知書の交付によってⅡの納入通知処分という法的な行為としての使用料の賦課（義務付け）と事実行為であるⅠの納入の通知を行っているのです。

6 　「徴収」の意味と多義性

　「徴収」という行政用語があります。自治法などの法律にも、よく出てきます。自治体においても、特に債権管理のしごとの中で、日常的に使われている言葉です。

　自治法などの自治体の債権管理の根拠となる法律の規定において、「徴収」は、債権管理事務の過程を示した、図１及び図２の①〜④（④´）のうちいずれかの段階を指す言葉として使われており、それぞれの規定ごとにその範囲が異なります。ここで整理しておきます。

　この中で、最も一般的な意味での徴収は、民間の団体や個人への徴収や収納の委託について定めた自治法243条及び同法施行令158条の「②調定＋③納入の通知＋④収納＝徴収」という規定です。

表7　自治法関係法令における「徴収」の範囲

		① 決定（賦課）	②調定、③納入 通知、④収納	④´ 滞納整理
自治法231条	調定・納入通知	×	○	×
自治法229条	審査請求	○	○	×
自治法231条の3		×	×	○
自治法225条	使用料の徴収	○	○	×
自治法施行令158条	徴収委託	×	○	×
自治法149条、 地方公営企業法9条	権限配分	○	○	○

徴収委託や収納委託の実際

　民間の団体や個人に、徴収や収納を委託することは、原則として禁止されていますが、使用料などの一定の範囲の歳入の徴収や収納は、契約によって民間団体に委託することができます（自治法243条。自治法施行令158条など）。「徴収委託（の制度）」、「収納委託（の制度）」と呼ばれます。

　ここでの「徴収」の意味は、「②調定＋③納入の通知＋④収納」です。しかし、自治体で実際に行われている「徴収委託」、「収納委託」は、これとはかなり異なります。

　まず、民間の債権回収業者や弁護士などに債権回収の業務の一部、例えば、電話による催告などを委託することを「徴収委託」と呼ぶことがあります。これは、制度上の徴収委託とは関係のない、一般的な意味での業務委託、「徴収に関する（何らか）の事務の委託」です。

　他にも、下水道料金（使用料）の徴収委託において、受託業者は、メーターで使用水量を確認し、納入通知書を作成して、企業管理者の名前で発送している例があります。窓口での現金の収受も担当していますが、領収書も企業管理者名です。自治法施行令158条に基づく徴収委託であるのなら、受託者は自らの名で納入通知書を発行すべきです。さらには、領収書も企業管理者名なのですから、収納委託でもありません。

　（すぐに）そのように改めるべきという指摘のためではなく、「自治体法務の基礎から」債権管理を学ぶために、制度と実態との違いを確認しておきましょう。

下水道の徴収委託における本来的な手続き

　地方自治法の規定による下水道の徴収委託における本来的な手続きは次のようになります。これは、地方公営企業法における水道料金の徴収委託についても同じです。

Ⅰ　受託者が、メーターを検針、使用水量を自治体に報告する。

Ⅱ　報告を受けて自治体が使用料を決定し、決定通知書を交付する。

Ⅲ　受託者において、決定された使用料をもとに、調停を行い、受託者名で納入通知書を発送する。納付先は自治体の指定収納金融機関ではなく、受託者

の口座とする。

Ⅳ　受託者が使用料を収納し、自治体が指定した口座に払い込む。

表8　上下水道施設における徴収委託の制度と実態との比較

		②調定		③納入の通知		④収納	
		事実行為	権限	事実行為	権限	事実行為	権限
		検針	決裁	通知書作成	通知書名義	料金収受	領収書名義
制度上の受託者		○	○	○	○	○	○
実態	自治体		○		○		○
	受託者	○		○		○	

第2章　督促のしくみ

　督促を行うことは、債権の種類にかかわらず、すべての自治体債権について、法令で定められている債権管理の基本的なルールの一つです。

　民間で行われる催告との違いと、裁判による強制徴収、滞納処分、延滞金の徴収、消滅時効などの債権管理におけるほかの制度との関係についての理解が重要となります。

1　督促のあらまし

　自治体の歳入を納期限までに納付しない者があるとき、つまり、滞納が発生したときは、期限を指定してこれを督促しなければならないこととされています。これは、自治体のすべての債権について当てはまります。

　督促とは、債権者である自治体が債務者（住民）に対して、納期までに納付がない場合に、法的な義務を果たしていないことを知らせるとともに、納付を促す意思表示です。意義は、民間の債権について行われる催告と同じです。

　しかし、催告の場合は、「債務を履行していない」という事実の認識の表示と「債務を履行して欲しい」という確定的な法的効果のない要求でしかないのに対し、督促には法的な効果があり、行政処分（法的な意思表示）として位置付けられます。

2　督促の根拠

　督促（をしなければならない）の根拠は二つあります。一つは、自治法231条の3第1項、もう一つは、同法240条2項の委任を受けた同法施行令171条です。

　自治法231条の3第1項による督促する歳入（債権）は、「分担金、使用料、加入金、手数料、過料その他の普通地方公共団体の歳入」です。税債権については、地方税法に督促の規定があります。他にも、個別の法律に督促について規定が設けられている債権もあります。

自治法施行令171条が適用されるのは、自治法231条の３第１項に規定されている債権や個別の法律に督促の規定を持つ債権以外の債権、具体的には貸付金や学校給食費などです。

自治法231条の３第１項を根拠として、督促を行うこととなる債権を「公法上の債権」、同法240条２項の委任を受けた同法施行令171条で督促を行う債権を「私法上の債権」と呼ぶことがあります。どちらも実務上の表現であり、法令用語ではありません。

また、「公法上の債権」、「私法上の債権」は多義的に使われています。消滅時効について自治法が適用となる債権を「公法上の債権」、民法が適用となる債権を「私法上の債権」と呼ぶこともあります。

にもかかわらず、意味と表現とをひっくり返して、「私法上の債権は、自治法施行令171条で督促を行う」と誤った理解を持っている自治体職員も見かけます。法律の規定以前に、あらかじめ「私法上の債権」が存在するわけではありません。

表1　督促の根拠規定とほかの債権管理規定との関係

督促の根拠規定	自治法の規定		
	延滞金が徴収できる債権（231の３第2項）と	滞納処分ができる債権（231条の３第3項）を	5年間で自動消滅する債権（236条）を
自治法231条の３第１項	同一	を含む	含む（＊）
自治法施行令171条	該当なし	該当なし	該当なし

＊水道料金及び診療費は自治法231条の３第１項で督促するが、５年で自動消滅はしない。

3　督促による時効の更新

自治法231条の３第１項の督促も、自治法施行令171条の督促も、どちらも時効を更新します（自治法236条４項）。ここでの「更新」とは、リセットのことです。納期限の翌日から督促状が届いた日までの期間を含めずに、督促状が債務者に届いた日の翌日から、新たに消滅時効期間が起算されるのです。

これは、民間の債権について行われる催告にはない特別な効果です。消滅時

効を更新することができる催告のことを、督促と定義しているのだと考えても
かまいません。この効果を持つ点において、法令における「督促」は一般的な
（単に辞書的・国語的な）意味ではないということになります。

督促と消滅時効との関係

　根拠が自治法231条の３第１項であるか自治法施行令171条であるかを問わず、
どちらの督促によっても、消滅時効の期間が更新されます。自治体のすべての
債権に自治法236条４項が適用されるからです。

　しかし、消滅時効の期間については、自治法236条が適用になる債権と民法
166条が適用になる債権とに分かれます。督促による消滅時効期間の更新と消
滅時効の期間とは別の規定で判断されるのです。

表２　督促の根拠規定と消滅時効の根拠規定との関係

督促の根拠規定	消滅時効の規定	消滅時効における督促の効果の規定
自治法231条の３第１項が適用される債権	自治法236条１項が適用される債権	すべて自治法236条４項が適用される（時効更新の効果）
	民法166条１項が適用される債権	
自治法施行令171条が適用される債権	すべて民法166条１項が適用される	

表３　自動消滅債権と援用債権についての督促の効果

	債権の例	督促の根拠	督促の効果		
			時効の更新	延滞金徴収の要件	滞納処分の要件
自治法適用（自動消滅）債権	税、保育料下水道料金	自治法231条の３第１項	○	○	○
	公営住宅家賃駐車場使用料行政財産使用料		○	○	×
民法適用債権（援用債権）	水道料金、診療費	自治法施行令171条	○	○	×
	貸付金、給食費		○	×	×

滞納がある場合、何度か督促状や催告状を発送することがありますが、その中で督促の効果があるのは、1度目のものだけです。2度目以降は、時効を更新する効果はありません。督促状は1回限りです。

「2回目以降の督促（状）は督促（状）ではない」ということになります。

表4　督促と催告との違い

	時効更新の効果	回数
督促	あり	1回
催告	なし	―

○地方自治法（一部略）

（督促、滞納処分等）

第231条の3　分担金、使用料、加入金、手数料、過料その他の普通地方公共団体の歳入を納期限までに納付しない者があるときは、普通地方公共団体の長は、期限を指定してこれを督促しなければならない。

2　普通地方公共団体の長は、前項の歳入について同項の規定による督促をした場合には、条例で定めるところにより、手数料及び延滞金を徴収することができる。

3　普通地方公共団体の長は、分担金、加入金、過料、法律で定める使用料その他の普通地方公共団体の歳入につき第1項の規定による督促を受けた者が同項の規定により指定された期限までにその納付すべき金額を納付しないときは、当該歳入並びに当該歳入に係る前項の手数料及び延滞金について、地方税の滞納処分の例により処分することができる。この場合におけるこれらの徴収金の先取特権の順位は、国税及び地方税に次ぐものとする。

（金銭債権の消滅時効）

第236条　金銭の給付を目的とする普通地方公共団体の権利は、時効に関し他の法律に定めがあるものを除くほか、これを行使することができる時から5年間行使しないときは、時効によつて消滅する。普通地方公共団体に対する権利で、金銭の給付を目的とするものについても、また同様とする。

4　法令の規定により普通地方公共団体がする納入の通知及び督促は、時効の更新の効力を有する。

（債権）

第240条　この章において「債権」とは、金銭の給付を目的とする普通地方公共団体の

権利をいう。

2　普通地方公共団体の長は、債権について、政令の定めるところにより、その督促、強制執行その他その保全及び取立てに関し必要な措置をとらなければならない。

○地方自治法施行令

（督促）

第171条　普通地方公共団体の長は、債権（地方自治法第231条の３第１項に規定する歳入に係る債権を除く。）について、履行期限までに履行しない者があるときは、期限を指定してこれを督促しなければならない。

○民法（一部略。改正後。令和２年４月１日から）

（債権等の消滅時効）

第166条　債権は、次に掲げる場合には、時効によって消滅する。

一　債権者が権利を行使することができることを知った時から５年間行使しないとき。

二　権利を行使することができる時から10年間行使しないとき。

4　督促による延滞金の徴収と滞納処分

どのような債権であっても督促をしなければなりません。また、督促によって時効が更新されることはすべての債権に共通しています。

にもかかわらず、わざわざ督促の根拠が、自治法231条の３第１項と同法240条２項に基づく同法施行令171条の二つ置かれて（二つに分かれて）います。

この意味は、自治法231条の３第１項の督促が、納入を促し消滅時効を更新させるだけではなく、延滞金を徴収し、滞納処分を行うために必要な手続きの一つだからです（同法231条の３第２項及び３項）。

5　延滞金徴収の要件としての督促

督促の根拠が二つに分けられている直接的な意図は、延滞金を徴収できる債権を確定することにあると考えられます。

自治法231条の３第１項が督促の根拠である債権については、同項を引いている同条２項によって、延滞金を徴収できます。「自治法231条の３第１項が督促の根拠である債権→自治法231条の３第２項の延滞金を徴収できる債権」です。

　このように条文の上では、督促の根拠である同条１項を延滞金の根拠である２項が準用している形にはなっています。しかし、実質的には、前提として延滞金徴収の対象となる２項の債権があり、さらには、時系列的に（手続き的に）延滞金の徴収は督促を経て行わなければならないことから、督促の根拠を二つに分けているのだと考えられます。

　引用しているのは２項の延滞金の規定ですが、しくみとしては、２項の延滞金徴収債権の範囲によって、１項の督促の債権の範囲が決められている、つまり、わざわざ督促の根拠が二つに分けられているのです。

　督促と延滞金徴収の制度設計は次のとおりです。

①　督促は自治体のすべての債権について行わなければならない。

②　延滞金の徴収は、督促を経て行わなければならない。

③　延滞金を徴収できる債権は、自治体債権のうちの一部に限られる。

　この三つのしくみを、「③→②→①」という順に組み上げて、自治法231条の３第１項、２項及び同法施行令171条で規定しているのです。

　なお、延滞金が徴収できない自治法231条の３第２項に当てはまらない債権、つまり、同法施行令171条によって督促を行う債権については、遅延損害金を請求できるものもあると考えられます（民法415条）。

　遅延損害金の徴収については延滞金の徴収とは違って、督促がその要件とはなってはいません。しかし、督促を行うことは、すべての債権の徴収に当たっての義務です。

　よって、延滞金の徴収と同じように、「督促をしなければ遅延損害金は徴収できない」と理解しておくことが正しいと考えられます。「督促はしていないが、その違法性は遅延損害金の徴収とは関係がないので、遅延損害金の支払いを求める」という考え方は適切ではありません。

　なお、そもそも遅延損害金は、延滞金のように法令の規定によって徴収することが義務付けられているものではありません。確かに、遅延損害金を徴収しない場合、住民訴訟などで違法性が問われることも考えられます。しかし、そ

の「違法性」とは、法律や条例に基づく延滞金を徴収しなかった場合の違法性、つまり、自治体職員として守るべき行政法規に違反したという意味での「違法」とは全く次元や性格が異なるものです。

表5　督促及び延滞金徴収の根拠法令と適用される債権

督促の根拠	延滞金徴収債権 （自治法231条の3第2項）	遅延損害金が徴収できる債権 （民法415条）
自治法231条の3第1項	税、保育料、公営住宅家賃 水道料金など	なし
自治法施行令171条の2	なし	貸付金、給食費など

表6　延滞金徴収債権と遅延損害金徴収債権についての督促の効果

	債権の例	督促の根拠	督促の効果		
			時効の更新	延滞金徴収 の要件	滞納処分の 要件
延滞金徴収債権	税、保育料 下水道料金	自治法231条 の3第1項	○	○	○
	公営住宅家賃 水道料金 駐車場使用料 行政財産使用料		○	○	×
遅延損害金徴収 債権	貸付金、給食費	自治法施行令 171条	○	×	×

＊遅延損害金の徴収は義務ではない。

6　滞納処分の要件としての督促

　自治法231条の3第3項に該当する滞納処分ができる債権、つまり、訴訟手続きを経ずに、自治体自らが債務者の財産を差押えることができる債権の場合は、督促が滞納処分の要件（前段）であり、滞納処分の手続きの一つとなります（同項）。

　この点について、滞納処分の根拠である自治法231条の3第3項は、延滞金の根拠である同条2項のように、督促の根拠である同条1項を引用してはいません。

　しかし、その内容として、規定する債権の範囲が「1項の債権⊃3項の債権」という関係になっています。つまり、滞納処分ができる債権は、すべて自治法

施行令171条ではなく、自治法231条の３第１項によって督促を行うことになるのです。督促、延滞金徴収、滞納処分の関係は次のようになります。

● 　自治法231条の３第１項で督促する債権＝延滞金を徴収できる債権
● 　自治法231条の３第１項で督促する債権⊃滞納処分ができる債権
● 　延滞金を徴収できる債権⊃滞納処分ができる債権

　督促の効果はどちらも同じですが、仮に、督促の際に根拠条文を示すとしたら（示すべきであるとも考えられます）、自治法231条の３第１項による督促だけが、滞納処分の要件を満たすことになります。

　滞納処分ができない債権（実務上、「非強制徴収債権」といい習わされています。）については、訴訟による強制執行（訴訟手続きを経た差押え）を行うことになります（自治法施行令171条の２）が、非強制徴収債権については、滞納処分ができる債権（強制徴収債権）のように督促が強制執行の要件とはなっていません。しかし、督促を行うこと自体は強制徴収（滞納処分）債権と同じように義務です。督促も当然、訴訟手続きに入る前に行うべきです。

表７　督促及び滞納処分の根拠法令と適用される債権

督促の根拠	強制徴収（滞納処分）債権	非強制徴収債権
自治法231条の３第１項	税、保育料、下水道料金など	公営住宅家賃、診療費、水道料金駐車場使用料、行政財産使用料など
自治法施行令171条の２	なし	貸付金、給食費など

表８　強制徴収（滞納処分）債権と非強制徴収債権についての督促の効果

	債権の例	督促の根拠	督促の効果		
			時効の更新	延滞金徴収の要件	滞納処分の要件
滞納処分債権	税、保育料下水道料金	自治法231条の３第１項	○	○	○
非強制徴収債権	公営住宅家賃水道料金駐車場使用料行政財産使用料	自治法231条の３第１項	○	○	×
	貸付金、給食費	自治法施行令171条	○	×	×

7 / 督促の時期

　自治法には、督促を行う時期やどの時点で時効更新の効果が発生するのかについての規定はありません。よって、自治体の内部規程で、督促を行う時期（期日）を決めておくことになります。一般的には、納期限後20日以内などとしている自治体が多いようです。

　督促に限らず、法的な意思表示は、法律に特別の規定がない限り、相手方に到達してからその効果が発生します（民法97条）。よって、督促も、内容証明郵便などで行うべきなのかもしれませんが、費用の面から翌日あるいは2日後程度の時期に到達したとみなして、事務を行うことになると考えられます。なお、法律に督促の効果が発生する期日が規定されている債権もあります（地方税法18条の2）。

○民法（一部略）

（意思表示の効力発生時期等）

第97条　意思表示は、その通知が相手方に到達した時からその効力を生ずる。

---

8 / 督促の処分性

　自治法231条の3第1項に基づく督促は行政処分として、審査請求の対象となります（同条5項以下）。例えば、滞納処分ができる債権においては滞納処分の一つの過程であると同時に、督促自体が行政処分なのです。

　この点につき、督促自体によって新たな義務が発生するわけでも、権利が消滅するわけでもありませんから、税や使用料の賦課（決定）のように、典型的な行政処分としてイメージはしにくいと思います。

　しかし、滞納処分ができる債権についての督促は、差押えに繋がっていきます（自治法231条の3第3項）。また、滞納処分ができない公営住宅の使用料や水道料金についての督促にも、延滞金徴収の対象となることに不利益性、つまり、債務者が争う意味を見出すことができます（同条2項）。さらには、督促によって、消滅時効の期間が更新されます（同法236条4項）。やはり、督促は行政処分（不利益処分）としての意味を持っているのです。

なお、「滞納処分（差押え）の前提であるから」というのが、督促が行政処分であることの理由として、挙げられることが多いようですが、根拠条文が同じである以上、同法231条の３第１項の督促のうち、滞納処分ができる債権（同条３項）についての督促だけが行政処分であるという解釈は成立しないと考えられます。

　督促は行政処分ですから、審査請求を行うことができます（行政不服審査法２条）。また、自治法に特例があり、書式が整っていないことなどによって却下する場合を除いては、議会に諮問したうえで裁決を行わなければなりません（自治法231条の３第７項）。議会の議決を経るわけではないので、意見を聴くという趣旨になります。また、審査請求を行った後でなければ、裁判所への提訴はできません（同条10項）。

　よって、実務上は違和感があるでしょうが、制度としては、公営住宅の家賃や水道料金についての督促状にも教示文を付けなければならないはずです。

自治法施行令171条に基づく督促の処分性

　では、自治法施行令171条に基づく督促は行政処分でしょうか。同条を根拠として督促を行う債権については、滞納処分も延滞金の徴収もできません。

　よって、不利益処分の前段としての意味はないので、行政処分ではないと理解されているようです。この点につき、自治法231条３第５項以下には、同条１項に基づいて行う督促についての審査請求の特例が定められていますが、自治法施行令171条の督促にはそのような規定がないことも、同条の督促が行政処分ではないとする理由にはなります。

　一方で、自治法施行令171条の督促によっても、時効が更新されます（自治法236条４項）。これは、民間の債権者が行う催告にはない効果です。よって、債務者にとっては、督促の有効性を争う意味はあります。その意味では、この督促についても行政処分であると考えることもできそうです。

9 ／ 催告

　民間における債権の回収（×徴収）においては、催告が行われます。

事実上の意味合いは督促と同じですが、法的な効果が異なります。

催告には督促のように、消滅時効の期間を更新する（リセットする）法的な効力はありません。この点については、むしろ、民間における催告の自治体バージョンが督促なのだと考えられます。

法的な効果としては、消滅時効の期間を更新することはできませんが、催告によって消滅時効の完成が猶予されます。具体的には、消滅時効が完成までの期間が6か月未満となった時期に催告を行った場合に、本来の消滅時効の期間が完成しても、催告の翌日から6か月間は消滅時効が完成しません（民法150条）。

消滅時効の完成が近い時期に訴訟を起こすことを検討する場合などに対応して創られたしくみであり、自治体において用いるべき場合は、ほとんど考えられません。

（1）催告と民法の改正

令和2年4月1日から改正された民法が施行され、債権の消滅時効の期間が変更されました。したがって、令和2年4月1日以降（令和2年度から）の契約や行政処分（使用許可）に基づいて発生した債権については、新しい民法の規定が適用され、令和2年3月31日まで（令和元年度まで）に発生した債権については、改正前の民法（旧民法）の消滅時効の規定が適用されます。

しかし、催告については、改正前の民法が適用される令和2年3月31日までの契約や行政処分によって発生した債権についても、催告の日が民法改正後であれば、改正後の民法の規定が適用されます。

よって、消滅時効の期間については、契約や行政処分の日が民法の改正前か改正後かによって判断が必要ですが、催告については、今後は、原則としてすべての債権について改正後の民法が適用されると考えてかまいません。

○民法（一部略）

（催告による時効の完成猶予）

第150条　催告があったときは、その時から6か月を経過するまでの間は、時効は、完成しない。

表9　催告についての民法の適用

	催告・契約の日	旧民法	新民法
催告の効果	令和元年度まで		○
	令和２年度以降		○
消滅時効の期間	令和元年度まで	○	
	令和２年度以降		○

（2）自治体の債権における催告の意味

　自治体の債権については、督促後は滞納処分又は強制執行を行うことが定められています。よって、再度の督促を行うことはそもそも想定されていません。

　実務において「消滅時効を更新できるのは最初の督促だけ」、「１回目の督促しか時効更新の効果はない」、「２回目以降の督促には時効更新の効果はない」などという趣旨の言い回しや口伝がされます。しかし、そもそもの理解が適切ではありません。督促は、本来、それ自体が一度しか行わないものです。

　では、２度目の「督促」を行った場合、その効果はどうなるのでしょうか。２通りの理解があります。

①　全く何らの効果がない。単なる「催促」。

②　民法150条１項における催告とみなされる。よって、民間における催告と同様に、その催告後が到達した日の翌日から６か月、消滅時効の期間を猶予させる効果がある。

　おそらく、催告について争われる裁判においては、②だと判断されるでしょう。しかし、何度も催告するような債権管理は極めて不適切です。実務上は必要な方法でしょうが、法的には「おかしい」ことだけは、しっかりと理解しておく必要があります。①だと考えて債権管理を行うことは、全く間違っていません。

　少なくとも、裁判で争う予定がない場合にまで、「消滅時効にかからないようにするために、残り６か月を切ったら催告すべきである」などという考えや教示を用いることには全く意味がありません。

督促をきっかけとして、延滞金や督促手数料の徴収、そして、強制徴収（滞納処分）又は裁判手続きへと、債権管理を進めていくことになります。

表10　督促と滞納整理の関係

債権	督促の根拠	延滞金徴収	滞納処分	裁判手続き
下水道料金、保育料など	自治法231条の２第１項	○	○	×
家賃、水道料金、診療費、目的外使用料など		○	×	○
給食費・貸付金など	自治法施行令171条	×	×	○

債権の調査権

● 「240条調査」

経済状態を把握するため、債務者の預金などの財産を調査する必要が生じる場合があります。自治体の債権のうち、滞納処分ができる債権については、債務者の勤務先や預金を持っている金融機関に対して、調査を行うことができます（自治法231条の３第３項）。「滞納処分の例により」に調査権が含まれるのです。

同項の滞納処分の対象とはならない公営住宅の使用料（家賃）、水道料金などについては、その債権の根拠となる法律に規定がない場合は、財産調査を行う権限はありません。

この点について、公営住宅の家賃は、公営住宅法34条に「収入状況の報告の請求等」という見出しで、税情報や給与の情報を、それぞれ、官公署や企業に報告を求めることができるとされています。調査権の一つです。

しかし、この調査権が与えられている目的は、収入の申告を行わない入居者について、その収入が入居資格を超えていないかどうかを判断するためです。滞納整理のために預金調査などはできないと考えられます。

自治法240条２項の「必要な措置とらなければならない」を調査権の根拠であるとみなして（誤解して、あるいは、確信犯的に）、債務者が預金を有していると考えられる金融機関に対し、預金調査を行っている自治体があります。

いうまでもなく、同項についてそのような解釈は成立しません。その自治体は結果として金融機関から違法に個人情報を引き出していることになります。

　発覚した際には、その自治体に、違法な「240条調査」による（わずかな）徴収率の向上とは比較にならないデメリット、つまりは、社会の指弾が向けられ、住民の信頼を失墜させることになるでしょう。調査に応じた金融機関には行政処分と損害賠償請求も想定されます。

● 調査権の行使に際しての政策判断

　税法上の調査権を使って、定額給付金（かつてのもの。現在の制度とは異なります）が振り込まれている預金口座の番号を照会してきた自治体があります。この場合、調査自体は地方税法の根拠がありますが、手段として適当なものではないでしょう。

　紹介先の自治体の担当者から事前に電話があった際に、私は給付金担当の責任者として、調査への回答を断りました。「地方税法に規定されている調査権の行使を拒否するのですか。」と尋ねられ、「そのとおりだ。拒否する。」と答えました。その自治体の若い職員は大いに当惑していました。私は、「この件は、課長さんに相談しましたか？これは、町の方針ですか？」と付け加えました。彼は、私の問いかけの意図が理解できないようでした。

　数日後、同様の調査を行った自治体が、新聞に大きく取り上げられました。そこでの記事の要旨は、「（自治体として）何を考えているのだ？何も考えていないのではないか？」です。

　債権管理は自治体の事務の一つです。貸金の回収ではありません。政策的な判断が伴うことは当然です。

○地方自治法（一部略）

　（債権）

第240条

2　普通地方公共団体の長は、債権について、政令の定めるところにより、その督促、強制執行その他その保全及び取立てに関し必要な措置をとらなければならない。

第3章　債権の消滅時効のしくみ

　消滅時効とは、一定の期間の経過によって、債権を消滅させる法制度です。単に「時効」と呼ばれることもあります。債権の存続期間を表す言葉でもあります。

　自治法では、自治体債権の時効期間は5年と定められ、5年間経過すれば、自動的に消滅します。しかし、一部の自治体債権については、民法が適用され、自動的には消滅しません。

1　時効制度の概要

　消滅時効とは、一定の期間の経過によって、債務の履行、つまり、金銭債務の場合においては、金銭の支払いがないにもかかわらず、債権を消滅させる制度です。いい換えれば、債権には「有効期間」が法律で定められているということになります。

　消滅時効に関しては、民法に社会一般における原則的な規定が、そして、自治法に自治体債権についての特例が設けられています。ほかにも、地方税法などにも消滅時効についての規定があります。

　消滅時効制度の趣旨は、債権を持ったまま、一定期間、債権を実現するための積極的な行為、例えば、訴訟を起こすことなどをしない債権者に対しては、もはや、その権利を社会が保護する必要はない、という考え方に基づいています。長期間、債務履行の請求を受けていない場合には、債務が存在しない前提で債務者や社会全体が経済活動を行っているという実態も考慮されています。

2　時効の援用

　消滅時効の制度には、「時効の援用」というしくみが組み込まれています。時効の援用とは、「時効の期間が経過したので、払いません！」という債務者の主張のことを指します。

消滅時効の期間の完成だけではなく、時効の援用があってはじめてその債権が消滅するということは、消滅時効が完成した法的な効果の発生が債務者の意思に任せられていることを意味します。確かに、「時効になったけれど、代金は支払う」という債務者の意思を法律が強制的に封じる意味は、基本的にはないと考えられます。

一方で、自治体は、多数の債務者の多様な債権を管理しています。それぞれの債務者について、時効の援用の意思を確認することは、事務的に容易ではありません。そこで、債権の種類によっては、効果的な債権管理を行うために、時効の援用がなくても消滅時効の期間が完成するだけで自動的に消滅するしくみが必要となります。

このような理由から、自治体の債権は消滅時効に関して、次の二つに分けられています。

● 期間の完成だけで自動的に消滅する債権
● 期間の完成だけでなく消滅において債務者の援用が必要な債権

3 自治体債権に適用される時効制度

自治体の債権の消滅時効については、自治法に規定があります。

○地方自治法（一部略、下線は筆者）
（金銭債権の消滅時効）
第236条　金銭の給付を目的とする普通地方公共団体の権利は、時効に関し他の法律に定めがあるものを除くほか、これを行使することができる時から５年間行使しないときは、時効によつて消滅する。普通地方公共団体に対する権利で、金銭の給付を目的とするものについても、また同様とする。
2　金銭の給付を目的とする普通地方公共団体の権利の時効による消滅については、法律に特別の定めがある場合を除くほか、時効の援用を要せず、また、その利益を放棄することができないものとする。普通地方公共団体に対する権利で、金銭の給付を目的とするものについても、また同様とする。

自治法236条１項も、また、同条２項も、いずれも、「金銭の給付を目的とする普通地方公共団体の権利」、つまり、「（すべての）自治体の債権」が主語とな

っています。

そのうえで、自治法236条１項は、時効の期間について「５年間」と定められています。そして、同条２項は、「消滅において時効の援用が要らない（自動消滅）」と規定されています。

しかし、自治体の債権すべてに、この自治法236条が適用されるわけではありません。なぜなら、同条１項では、「他の法律に定めがあるものを除くほか」、同条２項では、「法律に特別の定めがある場合を除くほか」という例外の存在が予定されているからです。

これは、自治体の債権の消滅時効が、次のようなしくみであることを意味しています。

● 　原則＝自治法236条が適用される。

● 　例外＝ほかの法律が適用される。

よって、同条１項の「法律」と同条２項の「法律」がどのような債権についてのどの法律を指すのかを明らかにすれば、自治体の債権の消滅時効の制度はすべて把握できることになります。

なお、同条１項は「他の法律に定めがあるものを除くほか」、同条２項は、「法律に特別の定めがある場合を除くほか」となっています。少し、規定が違うようですが、同条１項は消滅時効の期間について「５年ではない〇年」という他の何らかの制度を想定し、同条２項が時効の援用が必要という端的な例外を想定していることからくる表現ぶりの違いであり、意味は同じだと考えられます。

4 　消滅時効の例外（個別法）

「５年間で自動消滅」という自治法236条の例外としては、まず、地方税法のような個別の債権についての根拠法において、消滅時効について定められている場合が考えられます。

自治法236条１項の「他の法律」や同条２項の「法律に特別の定め」の「法律」とは地方税法、国民健康保険法、介護保険法などを指します。

自治法は、分野を問わず自治体行政についての通則的な規定を設けています

から、地方税に特化した内容を持つ、つまり、自治法よりも狭い分野の法律である地方税法が自治法の特別法（例外）であるということについては理解が容易だと思います。

この自治体債権の消滅時効における自治法と地方税法のような「原則—例外」の関係は「一般法と特別法」と呼ばれます。自治体債権の消滅時効については、自治法が一般法であり、地方税法が特別法の一つであるということになります。

特別法についての規定

そもそも、自治法236条の「他の法律」や「法律に特別の定め」は、自治体債権に地方税法などの法律が適用されることについて、意味を持つのでしょうか。

一般法と特別法の関係においては、自治法236条１項のように、「他の法律に定めがあるものを除くほか」という例外規定が存在する場合は、むしろ稀です。

どちらが一般法でどちらが特別法であるかについては、二つの法律の規定の守備範囲によって判断します。その法律が自治法にとって、特別法であるという判断ができるのは、自治法と同じ事項について、自治法よりも具体的な要件を示したうえで、自治法とは異なる規定を置いているからです。

国民健康保険料の場合でいえば、国民健康保険法110条１項は、自治法236条１項の「他の法律」に当たりますが、仮に、自治法236条１項に「他の法律」の例外規定がなかったとしても、同項ではなく国民健康保険法110条１項が適用されると考えられます。それは、同法が保険料債権の消滅時効について、保険料債権を含む自治法236条１項の「金銭の給付を目的とする普通地方公共団体の権利」よりも個別的に保険料債権を対象としているからです。

5 消滅時効の例外（民法）

自治法236条１項及び２項の「他の法律」には、地方税法や国民健康保険法などの個別の行政法規だけではなく、民法における消滅時効の期間や時効の援用についての規定も含まれます。自治体の債権の消滅時効については、自治法の特別法として民法も存在するのです。

この点について、民法は、社会一般の契約関係をはじめとした法律関係を定めています。よって、自治法が民法の特別法であるはずです。

　ですから、自治法236条１項の一般的な解釈からは、同項の「他の法律」に民法が含まれるとする結論は導き出せないはずですし、また、民法の規定が自治法の規定の特別法としての役割を果たすというのは、話が逆のように思えます。同条２項の「法律に特別の定め」も同様です。

　にもかかわらず、自治法236条１項の「時効に関し他の法律に定めがある」債権に、民法が含まれるという理解で実務が行われているのは、次の裁判例がきっかけとなっています。

　自治体が水道料金の支払いを求めた事件です。水道料金の消滅時効について争われました（東京高裁平成13年５月22日判決）。

水道料金事件判決と実務

● 　原告自治体の主張

　自治法が適用されるので時効は５年である。債権は消滅していない。

● 　被告Ａ社の主張

　旧民法173条１項（及び同法145条）が適用されるので時効の期間は２年である。すでに、２年間は経過しており債務は消滅している（当然、援用する）。

● 　判決（要旨）

　「地方自治体が有する金銭債権であっても、私法上の金銭債権に当たるものについては、民法の消滅時効に関する規定が適用されるものと解されるところ（地方自治法236条１項は「金銭の給付を目的とする普通地方公共団体の権利は、時効に関して他の法律に定めのあるものを除く他、５年間これを行わないときは時効により消滅する。」と定めているが、同項にいう「他の法律」には民法も含まれるものと解される。そして、このように解したとしても、上記規定は、公法上の金銭債権について消滅時効期間を定めた規定として意味を有するのであって、無意味な規定となるものではない。）、水道供給事業者として控訴人（地方自治体）の地位は、一般私企業のそれと特に異なるものではないから、控訴人（自治体）と被控訴人（住民）との間の水道供給契約は私法上の契約であり、従って、被控訴人が有する水道料金債権は私法上の金銭債権であると解される。

また、水道供給契約によって供給される水は、民法173条1号所定の「生産者、卸売商人及び小売商人が売却したる産物及び商品」に含まれるものというべきであるから、結局、本件水道料金債権についての消滅時効期間は、民法173条所定の2年間と解すべきこととなる。」

　水道料金については、自治法236条ではなく旧民法173条が適用されるというのが、この判例の結論です。

　しかし、債権の消滅時効に関しては、民法が社会における債権の原則を定めている法律です。自治法は一般法である民法に対し、自治体債権についての例外を定めた特別法です。その特別法がまた一般法である民法に、いわばリターンエース（他の法律＝民法）するというのはとっても違和感があります。

　おそらく裁判官は、水道料金に「5年自動消滅」を適用することが結果としておかしいとの判断を前提として、条文の文言である「他の法律に定めがあるものを除くほか」を手がかりに、（限定的に、おかしいのを覚悟で？）、同法を解釈したと考えられます。

　そうでなければ、「自治法236条1項は無効である」と判断しなければならなくなるからです。それを避けたのだとも考えられます。

　しかし、自治法が定められた時点で、すでに、社会一般の債権については民法の規定があったはずです。そこに、自治法236条が制定されたと考え、さらに、判決の趣旨を当てはめると、同条1項の解釈は、「すでに民法が適用されている債権（＝他の法律に定めがあるもの）については、今まで（当時）どおり、民法を適用しますよ」という意味になり、結局、自治法236条が適用される自治体債権はなくなってしまいます。

　このように、水道料金事件判決の論旨には疑問が残りますが、その疑問は大切にしたうえで、実務においては、自治法236条1項の「他の法律」の「法律」や同条2項の「法律に特別の定め」の「法律」には民法が含まれるのだと理解しておいてください。

6　消滅時効の適用関係の具体例

　水道料金事件判決と同様の判決が、公立病院の診療費についても出されてい

ます。また、行政実例によって、民法が適用されるとみなされている債権もあります。

消滅時効について、自治法236条が適用される債権、民法が適用される債権、そして、個別法が適用される債権は、それぞれ次のように分けられます。

表1　自治体債権の消滅時効の適用法令

	自治法適用債権	民法適用債権	個別法適用債権
公営住宅家賃	○		
診療費		○	
水道料金		○	
上記以外の使用料	○		
税			○
保育料	○		
給食費		○	
損害賠償金		○	
貸付金		○	

民法適用債権の範囲

裁判例によって、水道料金が民法適用債権とされた理由は、「民間でも同様の法律関係（賃貸借関係等）によって発生する債権が存在するから、それらの債権と同様に扱うべきである。」（以下「判決理由」）というものです。水道料金は公の施設の使用料であり、また、公の施設はその物理的な機能に着目すれば、同様の施設が民間にも存在します。駐車場がその典型です。

そこで、公の施設の使用料についても判決理由を当てはめて、民法適用債権として管理している自治体があります。しかし、判決は、少なくともその理由については、ほかの事案には効力はありません。

よって、判例の対象となっていない債権や所管の省庁からの通知において民法を適用するとされていない債権について、自治法236条ではなく民法を適用することは、違法な債権管理に繋がると考えられます。駐車場の使用料の消滅時効は、自治法236条による5年であり、時効の援用は不要です。

　公営住宅の家賃は公の施設の使用料であり、消滅時効については公営住宅法に規定がありません。よって、自治法が適用され、期間は5年で、時効の援用は必要ありません。

　最高裁判例（昭和59年12月13日建物明渡等請求上告事件）の判決理由である、「公営住宅の使用関係は、基本的には民間住宅における家屋賃貸借契約と異ならない。」を受けて、民法を適用している自治体も少なくありません。しかし、この判決は消滅時効には関係ありません。

　なお、どちらの消滅時効の期間も5年であることは同じですが、民法の場合は、時効の援用（同法145条）がなければ、消滅時効の期間である5年が経過しても、家賃債権が消滅しません。不納欠損処理に至る過程がとても面倒になります。

　公営住宅の駐車場使用料にも、自治法236条が適用されます。消滅時効の期間は5年です（同条1項）。債務者における時効の援用は要りません（同条2項）。自動的に消滅します。

　退去後修繕費については、民法が適用され、消滅時効の期間は5年です。令和2年3月31日までは10年です。

7　民法適用債権の消滅時効のしくみ

　ここでは、民法における消滅時効の制度について、くわしく説明を加えておきます。具体的な債権としては、水道料金、診療費、給食費、貸付金などの債権が挙げられます。

（1）民法における消滅時効のあらまし

　社会一般における消滅時効の制度です。主に契約によって発生します。民法は、契約の基本的なルールですが、基本的には、当事者が契約で定めていない事項について契約を補完する役割を担っています。ですから、民法に規定があっても、契約（権利義務の当事者の約束）でその規定と異なる内容を決めれば、民法の出番はありません。

しかし、民法の中でも契約に優先して、つまりは、自治体がしごとの根拠としている○○法のように行政法的に強行的に適用されるものもあります。その一つが消滅時効の規定です。契約で時効の期間を変えることはできません。

（2）民法における消滅時効（令和２年度以降）

　消滅時効が完成する期間は、債務を履行する約束の日から、原則として５年間です。民法166条１項２号に「できるときから10年間」という規定がありますが、これは、「自分にその債権があると知らなくても、10年たったら消滅時効が完成する」という規定です。

　ほとんどの場合、債権の当事者は互いに債権と債務があることを知っている、というよりも明確な自分の意思で債権を発生させ、その権利を行使できる履行期日も自分の意思で設定しているので、当然、「知った時から５年」が適用され、この「できるときから10年」は、まず、適用される場面はありません。「知ったとき」、「できるとき」は、一定の理由を持った技巧的な言い回しですが、あまり、囚われる意味はありません。民法166条は、要するに債権は履行期日の翌日から起算して、５年間で消滅するという規定です。

　なお、裁判によって債権（債務）が確定したものについては、10年間が消滅時効の期間となります。

　期間にかかわらず、期間が完成（時効期間の経過）するだけでは、債権は消滅しません。債務者による「時効の援用」が必要です。

　―時効の期間は５年間（民法166条）

　―時効の援用がなければ消滅しない（民法145条）。

表2　民法が適用される債権の消滅時効

	令和2年3月31日まで		令和2年4月1日から	
	消滅時効の期間	時効の援用	消滅時効の期間	時効の援用
原則	10年間 旧167条1項	要 （145条）	5年間 （166条）	要 （145条）
病院の診療費	3年間 旧170条			
水道料金	2年間 旧173条			

○民法（一部略。改正後。令和2年4月1日から）

（債権等の消滅時効）

第166条　債権は、次に掲げる場合には、時効によって消滅する。

一　債権者が権利を行使することができることを知った時から5年間行使しないとき。

（判決で確定した権利の消滅時効）

第169条　確定判決又は確定判決と同一の効力を有するものによって確定した権利については、10年より短い時効期間の定めがあるものであっても、その時効期間は、10年とする。

（時効の援用）

第145条　時効は、当事者（消滅時効にあっては、保証人、物上保証人、第三取得者その他権利の消滅について正当な利益を有する者を含む。）が援用しなければ、裁判所がこれによって裁判をすることができない。

（3）民法における消滅時効（令和元年度まで）

　旧民法が適用される令和2年3月31日までは、債権の種類によって、それぞれ期間が異なりました。1、2、3、5、10年などです。

　改正後の民法が適用になるのか、あるいは、旧民法が適用になるのかについては、契約などの債権の発生原因が生じた日で判断します。例えば、平成31年4月に締結した水道の供給契約における毎月の水道料金は、平成31年4月分以降も、契約が変更されない限り、旧民法が適用になり、消滅時効期間は2年間です（旧民法173条、民法166条1項1号）。

　債権が消滅するためには、債務者による「時効の援用」が必要であることは、民法改正の前後で変わりありません。

—時効の期間については民法各条が根拠。

—時効の援用がなければ消滅しない（民法145条）。

表3　令和2年3月31日までの消滅時効の制度

	消滅時効の期間	民法の根拠条文
原則	10年間	旧167条1項
病院の診療費	3年間	旧170条
民間の家賃	5年間	旧169条
生活用品の売買代金	2年間	旧173条

○民法（一部略。改正前。令和2年3月31日まで）

（債権の消滅時効）

第166条　債権は、10年間行使しないときは、消滅する。

（定期給付債権の短期消滅時効）

第169条　年又はこれより短い時期によって定めた金銭その他の物の給付を目的とする
債権は、5年間行使しないときは、消滅する。

（3年の短期消滅時効）

第170条　次に掲げる債権は、3年間行使しないときは消滅する。

一　医師、助産師又は薬剤師の診療、助産又は調剤に関する債権

（2年の短期消滅時効）

第173条　次に掲げる債権は、2年間行使しないときは、消滅する。

一　生産者、卸売商人又は小売商人が売却した産物又は商品の代価に係る債権

（4）民法適用債権の根拠

　診療費や水道料金などは、消滅時効について、自治法ではなく民法の各条文
が適用されます。ただし、民法に「第○○条　水道料金債権は2年で消滅する。」
というように、自治体債権の具体的な項目が列挙されているわけではありませ
ん。旧民法173条の「産物又は商品の代価」に水道料金が該当するのです。

（5）民法適用債権の消滅時効における課題

　消滅時効に関して民法が適用される水道料金などについては、消滅時効の期
間の経過だけではなく、債務者の時効の援用があって、はじめて時効の効力が

発生し、債権が消滅します（民法145条）。

　この時効の援用がないと消滅時効の期間が経過しても債権は永遠に消滅しません。民間団体であれば、消滅時効の期間が経過していても、相手方が時効の利益を積極的に主張しない（例：「時効を援用します。」と言わない）限り、債務の履行を請求することになります。民間団体は、債権の実現において主観的・私的な立場しか持っていないからです。適法に収入できるものについては、その理由や過程を問わず請求・回収することになります。

　しかし、自治体の場合は、おそらく消滅時効の制度を知らない住民（債務者）から、消滅時効の完成後に法制度の不知を利用して債務の履行を請求することは適切ではないとも考えられます。一方で、債権者である自治体から、時効の利益を主張できる状態にあることを債務者に教示する（例：「消滅時効の期間が経過していますが、時効を援用しますか？」）ことにも違和感があります。

　結局、時効を援用するかどうか債務者に意思確認をして、援用する場合には、その旨を書面にして債権消滅の証拠として残し、会計手続き（不納欠損処理など）を採ることが適切であると考えられます。

（6）民法適用債権を消滅させる方法

　民法適用債権について、債務者における時効の援用がない場合でも、次のいずれかがあれば債権は消滅します（自治法96条1項10号）。
①　債権を放棄することを認める議会の議決
②　特定の債権について特定の条件が満たされた場合には債権を放棄できることを規定した条例（債権放棄条例）の制定

8　自治法適用債権の消滅時効のしくみ

　消滅時効について、自治法236条が適用される債権には、公営住宅の家賃、駐車場の使用料、各種の手数料などがあります。自治体の債権は基本的には、同法が適用になります。

　消滅時効の期間は5年です（同条1項）。消滅に当たって時効の援用は必要とされません（同条2項）。5年間で「自動消滅」します。

9 / 個別の法律が適用される債権の消滅時効のしくみ

消滅時効の期間については、それぞれの法律の規定に従います。税（地方税法で５年）、保険料（国民健康保険法で２年）などです。

また、すべて、自治法236条が適用される債権と同じように、その消滅について時効の援用は不要です。

個別の法律で時効の援用が不要であるという規定がない場合は、自治法236条２項が適用されます。「法律に特別の定め」がないと解釈されます。

10 / 消滅時効の更新（中断）

債権管理のはじめとして、自治体の歳入を納期限までに納付しない者があるとき、つまり、滞納が発生したときは、普通地方公共団体の長は、期限を指定してこれを督促しなければなりません（自治法231条の３第１項及び同法施行令171条）。

この督促は、消滅時効の期間を更新する効果があります（自治法236条４項）。督促が相手方に到達した日の翌日から、再び消滅時効の期間が始まることになります。民法適用債権を含め、自治体のすべての債権が、督促による消滅時効更新の対象です。

11 / 不納欠損処理の効果

不納欠損処理とは、消滅した債権について行う会計上の処理に過ぎません。ですから、不納欠損処理には債権を消滅させる法的な効果はありません。正当な手続きによって消滅した債権について、不納欠損処理をしたことを決算書の中に記載し、議会の承認を得るための内部的な行為です（自治法96条１項３号）。

水道料金や診療費などは債務者（住民）による時効の援用、あるいは、議会の議決又は債権放棄条例の制定（自治法96条１項10号）がなければ消滅しません。債務者が消滅時効を援用することは、まず、あり得ないので、自治体が自ら債権を放棄するための議決又は債権放棄条例がない限り、水道料金などの不納欠

損額が記載された決算は、その部分については誤りであり、決算書に記載された水道料金などの不納欠損額についての歳入にかかる債権は、法的には消滅していないことになります。

水道料金などの消滅時効に関して民法が適用される債権を消滅させるために必要な処理は、以下のとおりです。

① 債務者（住民）による時効の援用、債権放棄の議決、債権放棄条例の制定・適用、延納の処分又は特約のいずれか。加えて、債権放棄条例や延納を適用する場合は、債務者への債権放棄の通知

② 長や企業管理者による不納欠損処理と決算書の作成

③ 議会による決算の認定

債権が消滅するための法的な効果は①の段階で発生します。①がなければ②と③の手続きを経ていても債権は消滅しません。②は債権が消滅したことについての会計処理であり、③は②の会計処理について、住民の代表である議会が確認するものです。

①の債権消滅のための法的手続きがないまま②と③の手続きが行われている自治体があります。

第4章　延滞金のしくみ

自治体の歳入のうちほとんどのものには、滞納した場合に、延滞金という高率の課金が発生します。延滞金の対象となる歳入は、自治法などの法律で規定されています。

延滞金を徴収できない歳入と消滅時効について民法が適用される歳入とが一致するという誤解を多く自治体職員が持っています。自治体の債権管理における大きな課題です。

1　延滞金の発生

延滞金は、法律で定められた歳入が、納期までに納入されなかった場合に、条例で定める手続きに従って徴収されます（自治法231条の3第2項）。「納期に遅れた（滞納している）」という事実だけではなく、督促を行うことが要件とされています（同項）。

2　延滞金の性質

延滞金が民間における金銭債権についての遅延損害金（民法419条）に当たるかどうか、という議論がなされることがあります。

しかし、延滞金（を徴収することができること）は自治法231条の3第2項に基づく、督促を要件として発生する自治体行政に固有の歳入（債権）です。延滞金は「延滞金」であり、民間債権における何であるかなどという比較や置き換えには、あまり意味はありません。

表1　延滞金と遅延損害金の違い

	延滞金	遅延損害金
根拠	自治法231条の３第２項及び延滞金条例	なし（民法に徴収できる規定と賠償額について定めあり）
徴収義務	あり	なし
率	条例で定める	契約で定めがない場合は３％（民法404条、419条）

3　延滞金の歳入としての特殊性

　延滞金の決定や徴収のしくみは、延滞金の対象である使用料など（元の歳入）の決定や徴収のしくみとは異なります。

（1）延滞金の納付義務の発生

　実際に、延滞金の金額が確定するのは、納入が遅れた使用料などの歳入が納入される時点です。延滞金の金額は、納入の時点でしか計算できないからです。

　しかし、延滞金を納付する義務自体は、延滞金の額が確定する納入時ではなく、「延滞金が発生する条件（一定期間の滞納）が満たされた場合は、その時点の額の延滞金を納付しなければならない」という条件を、許可の際に付けるという形で、使用料を決定したときに発生します（発生すると法的には考えます。）。

（2）延滞金の徴収

　延滞金の場合は、（1）で確認したように、「納付時に額が確定する」という特性があるので、次のような徴収の過程を採ります。

市税の延滞金の納付について（Ｙ市ＨＰより）

　本庁や支所の納税を担当する課ではⅠ　即時に延滞金も含めた納付書を発行することができますが、延滞金が発生する方には原則としてⅡ　後日延滞金納付書を税務課より送付いたします。（以下略）

　延滞金の徴収について、Ⅱの場合は、一般的な使用料の場合と同様に「調定→納入の通知→収納」です。Ⅰの場合は、窓口で即時に納付書を交付するので、

調定を事後に行い、「納入の通知→収納→調定」となります。

延滞金の徴収についての審査請求

　延滞金の納付義務自体は、使用許可のときに発生する一方で、具体的な延滞金の額は、延滞金を含む使用料の納付書又は延滞金だけの納付書を渡されたときに確定されます。義務の発生と義務の内容の具体化の時点が異なります。

　よって、延滞金の額が明確になった場合においては、延滞金の納付義務が発生している使用許可を行った時点から、すでに審査請求の期間が経過していることが考えられます。審査請求期間の起算日は、延滞金の納付義務が発生している使用許可の時点だからです。延滞金の徴収に疑義があっても審査請求の機会を失ってしまいます。

　そこで、Ⅱの場合は延滞金の納入通知を、延滞金の納付義務を決定するという本来的かつ本質的な意味とは別に、延滞金における固有意味での行政処分と捉えて（処分性を認めて）、審査請求の対象とすることになると考えられます（自治法231条の3第5項以下）。

　Ⅰの場合は、延滞金を含めた納付書は調定を経ていないので、納入の通知とはいえません（同時に印刷されて出てくる「調定決議書」は未決裁です。）が、納入の通知とみなしてその時点から審査請求を認めることになります。

　結局、延滞金の賦課徴収においては、「延滞金の対象である」という許可条件が付された使用許可と、実際に延滞金が発生した際に交付される延滞金の納入通知のどちらに対しても、審査請求ができることになると考えられます。

表2　使用料における納入通知の処分性の比較

	納入通知	審査請求の特例
一般的な使用料	事実行為	―
下水道使用料など	行政処分	自治法229条
延滞金	行政処分	自治法231条の3第5項以下

使用許可における延滞金の徴収

　公の施設や行政財産の使用許可に当たっては、使用許可書の交付によって、

次の三つの行政処分（決定）が行われていることになります。

① 使用許可

② 使用料の決定

③ 延滞金の納付義務の決定

　実際には、この三つの処分は、どれも使用許可書によって行われるので、②及び③は①の条件（附款）であるように理解されています。

　しかし、①、②、③は、それぞれ権限が異なる場合があります。

　例えば、教育施設においては、①許可権限は教育委員会にありますが、②使用料と③延滞金の徴収については長の権限です。また、審査請求における特例が別々に置かれています。

　よって、使用許可書によって同時に行われるものの、法的にはそれぞれが独立した行政処分であると考えられます。

表3　使用許可、使用料の決定及び延滞金の納付義務の決定のしくみ

	権限	権利義務発生	額（内容）の確定	審査請求の特例
使用許可	長 教育委員会 企業管理者	使用許可のとき	使用許可のとき	自治法244条の4又は238条の7
使用料	長 企業管理者	使用許可のとき （許可の条件）	使用許可のとき	自治法229条
延滞金	長 企業管理者	使用許可のとき （許可の条件）	使用料納入のとき	自治法231条の3 第5～7項

4　延滞金の対象となる債権

　延滞金の対象は、「分担金、使用料、加入金、手数料、過料その他の普通地方公共団体の歳入」です（自治法231条の3第2項）。

　延滞金の根拠規定である自治法231条の3第2項の分担金から過料までは例示であり、「分担金…過料のような歳入（債権）」という意味です。具体的に債権を列挙しているわけではないので、どの債権が延滞金徴収の対象になるのかについては、解釈が必要となります。

　当然、分担金、使用料、加入金、手数料、過料は、「分担金・・・のような

債権」なので、延滞金徴収の対象となります。使用料は「使用料のような歳入」の解釈に当てはまるのです。

5 / 自治法以外の根拠で延滞金を徴収する債権

また、自治法231条の3第2項で延滞金を徴収できるとされている債権のうち、他の法律に延滞金の規定が設けられている債権については、自治法ではなく、その法律を根拠として延滞金が徴収されます。

滞納処分ができる債権（同条3項）については、その根拠法に、延滞金の規定も併せて設けられている場合がほとんどです。

よって、自治法231条の3第2項に基づいて延滞金を徴収する債権は、同項の債権のうち、滞納処分ができる債権以外の債権になると考えられます。

6 / 延滞金条例の対象

延滞金の徴収については、自治法231条の3第2項で延滞金の対象とされた債権について、条例で延滞金の率などを定めるというしくみになっています。

同項では、「条例で定めるところにより」と手続きや効果を条例に委任していると考えられます。よって、条例で、同項における延滞金の対象を拡げることはもちろん、同項で延滞金の対象となっている歳入（債権）を、条例で対象から除くことはできないと考えられます。

多くの場合、「○○市税外歳入の督促及び延滞金条例（以下「延滞金条例」）という題名の条例を定めていますが、条例で規定さえすれば、題名も形式も問われません。

例えば、使用料については延滞金を徴収でき、また、使用料は条例で定めることになっていますから、その使用料の根拠となる公の施設の設置管理条例の中に、それぞれ延滞金の規定を設けても構いません。

表4　延滞金の対象と延滞金条例の対象

	延滞金を徴収できる債権 (自治法231条の３第２項)		延滞金を徴収できない債権
	法律に延滞金の根拠がある債権 (≒滞納処分ができる債権)	法律に延滞金の根拠がない債権	
延滞金条例の対象		○	

使用料の意味

　自治法における「使用料」とは、公の施設の使用及び行政財産の使用の対価を指します（同法225条）。後者は、いわゆる「目的外使用料」です。公営住宅の場合でいえば、敷地内に設置されている電柱や自販機、コインパーキングなどの使用料です。

　行政財産の貸付け（自治法238条の４第２項）や普通財産の貸付けの対価である、いわゆる「貸付料」は使用料ではありません。

　よって、自治法231条の３第２項には含まれず、延滞金は徴収できません。公営住宅の管理における、退去後の修繕費についても、延滞金条例の対象にはなりません。

○地方自治法（一部略）

　（督促、滞納処分等）

第231条の３　分担金、使用料、加入金、手数料、過料その他の普通地方公共団体の歳入を納期限までに納付しない者があるときは、普通地方公共団体の長は、期限を指定してこれを督促しなければならない。

２　普通地方公共団体の長は、前項の歳入について同項の規定による督促をした場合には、条例で定めるところにより、手数料及び延滞金を徴収することができる。

○K市税外歳入の督促及び延滞金条例（一部略）

　（趣旨）

第１条　地方自治法第231条の３第１項に規定する市の歳入（以下「税外歳入」という。）の督促及び延滞金の徴収については、別に定めるものを除くほか、この条例の定めるところによる。

　（延滞金）

第3条 税外歳入の督促をした場合においては、当該税外歳入の納期限の翌日から納付の日までの期間の日数に応じ、当該税外歳入の金額に年14.6パーセント（当該納期限の翌日から1月を経過する日までの期間については、年7.3パーセント）の割合を乗じて計算した金額に相当する延滞金を徴収する。

（減免）

第4条 市長は、災害その他やむを得ない理由があると認めるときは、延滞金を減免することができる。

7 / 遅延損害金の対象となる債権

　民間における契約に伴う金銭債務については、その履行が遅れた際に、債権者は損害の賠償を請求することができます（民法415条、419条）。契約において取り決めがない限り、その損害は債権額の3％であるとされています（同法404条）。

　自治体においては、少なくとも、延滞金を徴収できる債権について、さらに遅延損害金を請求できないことは明らかです。明確な根拠はありませんが、同一債権について両者を徴収・請求できるという結論自体が法的におかしく、また、そのように理解する積極的な理由が見当たらないからです。

　反対に、延滞金を徴収できない債権のすべてについて、遅延損害金を請求できるかといえば、制度的には、「延滞金の徴収も遅延損害金の請求もできない債権」も存在し得ます。行政法規（債権管理の根拠となる個別の「〇〇法」）によって、遅延損害金を請求できないように規定を置くことは法的に可能であるからです。

　仮に、何らかの政策的な要請で、一部の使用料を延滞金徴収の対象から外したとします。主には福祉的な理由でしょう。その場合は、当然、その使用料に対して遅延損害金が請求できるという結論にはならないと考えられます。

　行政法規は、民法に対して、別の制度に置き換える「上書き」の役割と民法を適用させない「消しゴム」の役割を持っています。

表5　延滞金と遅延損害金との制度的な関係

	延滞金の対象となる債権	延滞金の対象とならない債権
遅延損害金の対象となる債権	×	○
遅延損害金の対象とならない債権	○	○

実務における遅延損害金の請求

　条例、規則、要綱あるいは契約書に明記されていない限り、遅延損害金は、請求すべきでないと考えます。

　少なくとも、自治体として遅延損害金の請求について方針を持たず、担当課ごと、あるいは、事案ごとの判断で、法律上は請求できるからという理由で、遅延損害金を請求することは、極めて不適当です。住民との法律関係を構築する際に、自治体として何を行い、どのようなことが予想されるのかは住民との間で約束、共有しておくべきことです。

　担当者の思い入れや正義（？）感から、「今まで、この債権について法的には遅延損害金が請求できるのに請求していないのはおかしい」という判断で徴収することなどできません。

　なお、条例に拠れば債権を放棄することができるので、少なくとも条例に根拠を持つ歳入（金銭債権）で、延滞金が徴収できないものについては、遅延損害金を請求しない場合を法的に定めることができます（自治法96条1項10号）。

　また、遅延損害金は、延滞金とは異なり督促が要件とはなりませんが、歳入（債権）の種類を問わず、督促を行うことは自治体の義務です（自治法施行令171条）。督促を行わずに、遅延損害金を徴収することはできないと考えるべきでしょう。

延滞金の徴収における課題

　「公営住宅の家賃、水道料金、診療費については、延滞金は徴収できない」という誤解を比較的多くの自治体職員が持っています。

　主な原因としては、次の二つの誤った認識が挙げられます。

①　家賃等は「私法上の歳入」だから延滞金は徴収できない。

②　家賃等は「使用料ではない」から延滞金は徴収できない。

では、この二つの考えのどこがおかしいか、検証してみましょう。

● 私法上の歳入（債権）の意味

「診療費は私法上の債権である（から延滞金は発生しない）」とする考えの拠り所の一つとされている判決文の一部です。

○平成17年1月19日東京高裁判決（平成17年11月21日最高裁判決と同旨）

「公立病院において行われる診療は、私立病院において行われる診療と本質的な差異があるとは認められず、その法律関係は本質上私法関係というべきであり、その結果生じた債権もまた私法上の金銭債権であって、公法上の金銭債権ではないから、地方自治法236条1項の規定により5年の消滅時効期間に服すべきものではなく、民法170条1号の「医師、産婆及ビ薬剤師ノ治術、勤労及ビ調剤ニ関スル債権」として3年の短期消滅時効にかかるものというべきである。」

次に、同じく「公営住宅の家賃は私法上の債権である（から延滞金は発生しない）」とする根拠とされている判決文の一部です。

○昭和59年12月13日最高裁判決

① 公営住宅の使用関係は、基本的には民間住宅における家屋賃貸借契約と異ならない。だから、公営住宅の使用関係においても、民間住宅と同じように、民法における信頼関係の法理の適用がある。

② よって、公営住宅の入居者が、公営住宅法32条1項に規定する明渡し請求事由に該当する行為をした場合であっても、直ちに、明け渡しを求めることができるわけではない。賃貸人である事業主体との間の信頼関係を破壊するとは認め難い特段の事情があるときは、事業主体の長がした明渡し請求をすることができない。

○地方自治法（一部略）

（金銭債権の消滅時効）

第236条 金銭の給付を目的とする普通地方公共団体の権利は、時効に関し他の法律に定めがあるものを除くほか、これを行使することができる時から5年間行使しないときは、時効によつて消滅する。普通地方公共団体に対する権利で、金銭の給付を目的とするものについても、また同様とする。

判決では、診療費は「私法上の債権である」と判断され、また、公営住宅の

使用関係は「民間住宅における賃貸借関係と異ならない」と判断されています。

しかし、前者は消滅時効が争われた裁判、後者は不正行為による明渡しについての裁判です。延滞金について争われた裁判ではありません。それぞれ根拠となる条文は延滞金とは別に存在しています。「私法上の債権」などという法的な根拠のない一つの概念で括られてはいません。

「水道料金等は私法上の債権だから延滞金はかからない」という考えは、診療費についての判決の「消滅時効について診療費は私法上の債権」の「消滅時効について」の部分を切り取って、延滞金徴収の可否判断、あるいは、債権管理におけるあらゆる判断に置き換えたに過ぎません。

そもそも、裁判官が、当事者の主張やその事件に必要な判断の範囲を超えて、「Aはあらゆる法令の適用において定性的にBである」などと述べること、この場合でいえば、「とにかく（本件とは関係のない延滞金の徴収についても）、水道料金等は『私法上の債権』だから、自治法の債権管理に関する他の規定（自治法231条の2第2項）も適用しないように」などということを意図して判決を出すはずもありません。また、そのような抽象的な判断ができる役割や職権を裁判所は持ってはいません。

● **延滞金の徴収と使用料の範囲**

公営住宅の家賃、水道料金、公立病院の診療費はいずれも、使用料です。よって、延滞金徴収の対象となります（自治法231条の3第2項）。私法上の債権であるとか、公法上の債権であるなどという基準や考え方が介在する余地は全くありません。

公営住宅の家賃、水道料金、公立病院の診療費は使用料ではないので、延滞金は徴収できないという誤解も多く見かけます。

仮に、家賃等が使用料でないとすると、多くの自治法の規定との間に抵触・矛盾が生じます。例を示します。

● 公の施設の使用の対価を使用料という（自治法225条）
　→公営住宅等は公の施設ではない
● 公の施設は条例で設置する（自治法244条の2第1項）
　→公営住宅等は条例で設置する必要はない

● 条例は議会で定める（自治法14条1項、96条1項1号）

　→公営住宅等は議会の承認なしに設ける（廃止する）ことができる

　公営住宅も、公立病院も、さらには、水道施設も条例ではなく規則や要綱で設置できるという結論になってしまいます。議会の承認なしに、長の判断だけで公営住宅等が設置できるのです。他にも矛盾（おかしなこと）があります。

● 料金を条例で定める必要はない（自治法228条1項）

● 不正行為に対して、過料を科すことができない（自治法228条3項）

● 徴収や収納を委託できない（自治法243条、同法施行令158条）

● 指定管理者制度において利用料金制度を採ることができない（自治法244条の2第8項。ただし、公営住宅の管理代行制度には利用料金制度はない）

　なお、公の施設の使用の対価（加えて行政財産の目的外使用料）以外のものは、「使用料」とは呼びません。「使用料」は、公の施設の使用や行政財産の使用の対価だけを指す「固有名詞」です（自治法225条）。ただ単に「使用するために支払う料金」という意味ではありません。よって、普通財産の使用の対価は「使用料」ではありません。法令用語は、それぞれ法律の中では、各条文に共通かつ固有の意味を持っています。

　ですから、「公営住宅の使用料（家賃）等は、条例で定めるとした自治法228条における使用料には含まれるが、延滞金の対象であるとした自治法231条の3第2項における使用料には含まない」などという限定的な解釈で「使用料ではない」を正当化することもできません。

○地方自治法（一部略。下線は筆者）

（公の施設の設置、管理及び廃止）

第244条の2　普通地方公共団体は、法律又はこれに基づく政令に特別の定めがあるものを除くほか、<u>公の施設の設置及びその管理に関する事項は、条例でこれを定めなければならない。</u>

8　普通地方公共団体は、適当と認めるときは、指定管理者にその管理する<u>公の施設の利用に係る料金（次項において「利用料金」という。）を当該指定管理者の収入として収受させることができる。</u>

○地方自治法施行令（一部略。下線は筆者）

（歳入の徴収又は収納の委託）

第158条　次に掲げる普通地方公共団体の歳入については、その収入の確保及び住民の便益の増進に寄与すると認められる場合に限り、私人にその徴収又は収納の事務を委託することができる。

一　使用料

○地方自治法（一部略。下線は筆者）

（使用料）

第225条　普通地方公共団体は、第238条の4第7項の規定による許可を受けてする行政財産の使用又は公の施設の利用につき使用料を徴収することができる。

（分担金等に関する規制及び罰則）

第228条　分担金、使用料、加入金及び手数料に関する事項については、条例でこれを定めなければならない。（以下略）

2　分担金、使用料、加入金及び手数料の徴収に関しては、次項に定めるものを除くほか、条例で5万円以下の過料を科する規定を設けることができる。

3　詐欺その他不正の行為により、分担金、使用料、加入金又は手数料の徴収を免れた者については、条例でその徴収を免れた金額の5倍に相当する金額（当該5倍に相当する金額が5万円を超えないときは、5万円とする。）以下の過料を科する規定を設けることができる。

● 「私法上の債権」のあいまいさと多義性

自治法236条が規定する消滅時効は、自治体のすべての債権（金銭の給付を目的とする地方公共団体の権利）を対象にしていますが、「他の法律に定めがあるものを除くほか」、「法律に特別の定めがある場合を除くほか」の規定があるので、債権の性質によって債権を分類する余地があります。

しかし、同法231条の3第2項による延滞金については、「他の法律に」のような規定はないので、「使用料」であれば、私法上かどうかなどという債権の性質などに関係なく、（条例により）延滞金を徴収しなければなりません。使用料を分類する条文上の手がかりはありません。

その結果、延滞金徴収の対象とならない債権群（水道料金等は使用料なので含まれません。）を「私法上の債権」と呼ぶことはできます。ただし、この「私法

上の債権」と消滅時効に関する「私法上の債権」は意味が異なります。

表6 「私法上の債権」、「公法上の債権」の多義性

	できる債権	できない債権
5年間で消滅、援用不要	①公法上の債権	④私法上の債権
延滞金徴収	②公法上の債権	⑤私法上の債権
滞納処分	③公法上の債権	⑥私法上の債権

＊①と②と③及び④と⑤と⑥は、それぞれ意味（債権の範囲）が異なる。

● 専門家の見解の用い方

　自治法の規定によって、「消滅時効には民法が適用されるが、自治法の延滞金徴収の対象にはなる」こと、つまり、「私法上の債権でもあり、公法上の債権でもある」ことは、おかしなことではありません。おかしいかどうかは法律自身（議会、住民）が決めることです。

　正面から「自治法231条の3第2項は○○○の使用料について違法である」と判示されない限り、現存する法令を否定することはできません。この点に関しては、自治体の他の事務において同じような判断手法が採られた場合を想像してみてください。法的な安定性が保てなくなると考えられます。

　「水道料金等の歳入には延滞金がかからない」という結論には、自治法についての正当な解釈が伴ってはいないのです。

第5章　滞納処分のしくみ

自治体の歳入には、滞納処分ができるものとできないものとがあります。

例えば、公営住宅の家賃は、公営住宅法における家賃であり（同法16条）、また、自治法における公の施設の使用料に当たります（同法225条）が、どちらの法律にも、滞納処分ができる根拠がありません。

よって、民間における債権と同じように、最終的には民事訴訟を経た裁判所による強制執行によって、その実現を図ることになります。

1　滞納処分の意味

滞納処分とは、期限までに納付されなかった金銭がある場合、つまり滞納がある場合に、自治体の債権を実現する行政処分のことです。

「処分（行政処分）」の名のとおり、自治体が、債務者（住民）の意思にかかわらず、強制的かつ一方的に債務者の権利、例えば給与債権や財産権を自治体のものとすることができる行政作用です。

滞納処分という用語は、差押さえなどの債権を実現するための一連の法的な手続きを指す場合もありますが、相手方の権利や財産を自治体に帰属させる行為や法律効果そのものを指すこともあります。

この点については、典型的な行政処分である許可も同じです。申請から審査を経て許可に至る過程やしくみを「許可」と捉えることもできますし、また、「許可する」という最終的な判断と効果だけを許可と考えることもできます。一般的には、後者のことです。

表1　滞納処分ができる債権とできない債権との比較

	債権者	債務名義	強制執行の主体
滞納処分ができる債権	自治体	自治体の判断 （法令の根拠）	自治体の長、企業管理者
滞納処分ができない債権	自治体	判決	裁判所（執行官）

行政処分とは、合意（契約）なしに、自治体が一方的に住民の義務を発生させる法的な行為です。法律又は条例の根拠が必要ですが、その理由を掘り起こしてみます。

義務は、原則として、義務を負うこととなる人の意思、つまりは、契約によって生じます。他人に義務を決められるということは、人として扱われていないことを意味するからです。「自分の義務は自分で（納得したうえで）決める」は、平等な社会における前提です。

しかし、都合の悪い契約（例：税の納付）は誰も締結しないと考えられるので、社会的に必要な義務は、都合が悪くなる前に事前に合意を確保しておく必要があります。

それが、法律や条例です。義務を負うこととなる一人ひとりの住民の合意はありませんが、住民が選んだ代表である議員（議会）が決定するので契約と同様の効果を持つ（と考える）ことができるのです。

法律や条例は、「いざというときに、住民が合意しそうもない事柄について事前に合意を取り付けておくもの」、つまり、「事前契約」や「社会契約」だと理解しておいてください。

滞納処分の場合は、条例で自治体ごとに根拠付けるレベルの事柄ではないので、法律の根拠がなければ行えません。条例を根拠とする歳入についても条例で滞納処分の根拠を設けることはできません。

自治体の債権管理においては、「税や保育料のような社会的に重要な歳入についての債務は、納期までに納めない場合は、一方的に差押えをされてもかまいません」という事前の合意があるのです。

2 / 滞納処分ができる債権

民間団体や個人であれば、債権を持っており（正確にいえば、主観的に自分に債権があると認識しており）、その履行期限が到来したとしても、裁判所の力を借りなければ、自力で債務者の財産を自分のものにすることはできません。

裁判に訴えて、確かにその債権が存在し、かつ、履行期限が過ぎていること

を債務者の反論や主張を踏まえたうえで、裁判所に確認してもらい、裁判所（国家権力）によって、債権を実現してもらう必要があるのです。これは、債権の実現における社会の大原則です。債権を有しているからといって、自力で執行することはできません。

「私は、○○さんに対して債権を持っている。なのに、期限が過ぎても支払ってくれない。」は、その段階では、法的には（社会全体から見た場合には）、債権者（と自称する者の）主観的な主張でしかないのです。

自治体の場合は、一定の債権について、自力での執行が許されていますが、滞納処分を行うためには社会契約である法律の根拠が必要です。その債権の根拠となる法律に「滞納処分ができる」と規定された債権の管理においてだけ、滞納処分が行えるのです。

滞納処分ができる債権については、自治法231条の3第3項に規定されています。三つのパターンがあります。

① 同項に規定されている分担金、加入金、過料

② 自治法の附則に基づくもの

滞納処分の根拠である自治法231条の3第3項の「法律で定める使用料」の「法律」とは、自治法自身も含みます。具体的には、自治法ができたときに最初に置かれた附則6条に規定されている、港湾施設の占用料や下水道の使用料などです。

③ 自治法以外の個別の法律で定めるもの

地方税法に基づく税や児童福祉法に基づく保育料などです。税や保育料は、自治法における滞納処分の根拠である自治法231条の3第3項の「法律で定める使用料その他の普通地方公共団体の歳入」に当たります。

表2　滞納処分ができる債権

	滞納処分の対象	民事訴訟による強制徴収の対象
公営住宅家賃		○
診療費		○
水道料金		○
保育料・下水道使用料	○	
上記以外の使用料		○
税	○	
給食費		○
損害賠償金		○
貸付金		○

滞納処分の根拠規定における「法律で定める」の意味

　自治法231条の３第３項の「法律で定める使用料その他の普通地方公共団体の歳入」は、「法律に根拠を持つ使用料その他の歳入」という意味ではありません。「滞納処分ができることを法律で定められた歳入」という意味です。

　実際に、上記③の歳入については、それぞれの根拠法に滞納処分の規定が置かれていますし、②の自治法の附則に規定された歳入については、さらに根拠法に具体的な滞納処分の規定があります。

　そもそも、滞納処分は行政処分ですから、法的な根拠が必要です。逆にいえば、法律に根拠があれば、滞納処分ができることは当然です。よって、法的な効果だけで評価すれば、自治法231条の３第３項の「法律で定める使用料その他の普通地方公共団体の歳入」やそれを受けて定められている自治法附則６条は、存在しなくても影響のない規定だということになります。

○国民健康保険法

　（滞納処分）

第79条の２　市町村が徴収する保険料その他この法律の規定による徴収金は、地方自治法第231条の３第３項に規定する法律で定める歳入とする。

第6章　債権放棄条例のしくみ

　消滅時効について民法が適用される債権は、債務者による時効の援用がないと消滅しません。しかし、自治体が債務者における時効の援用の意思を確認することは困難です。また、民法適用債権に限らず、所在不明などの理由で徴収が困難となる債権も発生します。

　このような徴収することもできず、また、消滅することもなく残ってしまう債権を、自治体の意思で消滅させる方法として、債権放棄条例の制定があります。

1　時効完成債権の発生

　自治体債権のうち、水道料金、公立病院診療費、貸付金などの債権には、消滅時効について、民法が適用されます。これらの債権をここでは、「民法適用債権」と呼ぶこととします。

　この民法適用債権は、消滅時効の期間の経過だけではなく、債務者の時効の援用、つまり、「時効期間が経過したので、もう債務は負いません」との主張があって、はじめて消滅時効の効力が発生し、消滅します（民法145条）。

　消滅時効が完成したことによる利益を得るかどうかは、債務を負う者の意思に任されているのです。時効の援用がないと、消滅時効の期間が経過しても債権は消滅しません。

　一方で、債務者（住民）における時効の援用の意思を確認することは容易ではありません。よって、自治体の債権の中には、消滅時効が完成、つまり、消滅時効期間が経過しているにもかかわらず消滅していない「時効完成債権」が発生することになります。

2　徴収困難債権の発生

　自治体の債権には、生活保護の開始、所在不明、法人の倒産、少額であるな

どの理由で徴収が困難、あるいは、管理を継続することが極めて非効率な状態にある債権が存在します。このような債権を、ここでは、「徴収困難債権」と呼ぶことにします。

　徴収困難債権であっても、自治法236条が適用される債権については5年間、民法適用債権については一定年数経過後、債務者における時効の援用が行われるまで消滅しません。

　その結果、自治体には、徴収困難債権が残ることになり、債権管理コストの増加や正確で実質的な財務状況の把握・公表への支障が生じることになります。

表1　時効完成債権と徴収困難債権

消滅時効の規定	時効完成債権	徴収困難債権
自治法適用債権	×（消滅している）	○
民法適用債権	○	○

3　時効完成債権や徴収困難債権の消滅方法

　時効完成債権や徴収困難債権は、積極的に管理する意味がありません。よって、何らかの方法で管理の対象から外す、具体的には、消滅させることが必要となります。

　債権を消滅させる方法としては、以下の二つの法的手段が用意されています（自治法96条1項10号）。

① 債権を放棄することを認める議会の議決
② 特定の債権について特定の条件が満たされた場合に、議決がなくても債権を放棄できることを規定した条例（債権放棄条例）の制定

○地方自治法（一部略）
第96条　普通地方公共団体の議会は、次に掲げる事件を議決しなければならない。
　十　法律若しくはこれに基づく政令又は条例に特別の定めがある場合を除くほか、**権利を放棄すること。**

補助金返還の債権などの金額が大きく、債権が徴収困難なことについて、固有の原因がある債権は別ですが、住宅使用料、水道料金などの不特定多数の住民を債務者とした一般的な債権について、個々の債権ごとに放棄の議決を得ることは現実的ではありません。

よって、権利（債権）放棄についての議決を得ることよりも、債権放棄条例を制定することのほうが、時効完成債権や徴収困難債権を消滅させる方法としては原則的なものとなります。

4 　履行延期と徴収停止の制度

債権を消滅させる方法として他にも、履行延期の制度があります。これは、債務を履行する資力がない場合などにおいて、債権の履行期限を延期する行政処分（行政処分で発生した債権の場合）又は契約変更（契約によって発生した債権の場合）を行ったうえで、債務者の資力の回復を待ち、回復しない場合には、債権を免除するものです（自治法施行令171条の6及び171条の7）。なお、ここでの免除は放棄と同じ意味です。

しかし、履行延期の後、10年を経過しないと免除（放棄）できないことや、実際には、債務者における徴収困難な状態が改善することは期待できない場合が多いこと、さらには、滞納処分できる債権以外の債権の徴収については、債務者の資産を調査する権限がないので、免除や特約の要件である無資力の状態かどうか（資力についての虚偽を申し立てていないか）を判断することが困難であることから、あまり実務的な制度ではありません。

なお、徴収停止の処分（自治法施行令171条の5）という制度もあります。債務者の所在不明、法人が債務者である場合の事業休止、徴収コストに満たない少額債権などが対象ですが、徴収を停止するだけであり、債権を消滅させる効果はありません。

表2　債権の消滅に関する法制度（自治法）

	要件	債権消滅の効果	根拠
徴収停止	・法人の事業休止、行方不明、債権額が取立費用に満たないなど回収が不適当又は困難な場合	なし	令171条の5
延納処分 延納の特約	・無資力、被災など	あり	令171条の6
免除	・無資力を理由に延納の処分又は特約をした場合で状況が変わらないとき	あり （通知要）	令171条の7
不納欠損処理	・債権が消滅したこと（会計上の処理）	なし	―
債権放棄	・議決	あり	法96条1項10号
条例の定め	・特定の債権を特定の場合に放棄することを定めた条例（債権法規条例）の制定	あり	

○地方自治法施行令（一部略）

（徴収停止）

第171条の5　普通地方公共団体の長は、債権（強制徴収により徴収する債権を除く。）で履行期限後相当の期間を経過してもなお完全に履行されていないものについて、次の各号の一に該当し、これを履行させることが著しく困難又は不適当であると認めるときは、以後その保全及び取立てをしないことができる。

一　法人である債務者がその事業を休止し、将来その事業を再開する見込みが全くなく、かつ、差し押えることができる財産の価額が強制執行の費用をこえないと認められるとき。

二　債務者の所在が不明であり、かつ、差し押えることができる財産の価額が強制執行の費用をこえないと認められるときその他これに類するとき。

三　債権金額が少額で、取立てに要する費用に満たないと認められるとき。

（履行延期の特約等）

第171条の6　普通地方公共団体の長は、債権（強制徴収により徴収する債権を除く。）について、次の各号の一に該当する場合においては、その履行期限を延長する特約又は処分をすることができる。この場合において、当該債権の金額を適宜分割して履行期限を定めることを妨げない。

一　債務者が無資力又はこれに近い状態にあるとき。

二　債務者が当該債務の全部を一時に履行することが困難であり、かつ、その現に有する資産の状況により、履行期限を延長することが徴収上有利であると認められるとき。

三　債務者について災害、盗難その他の事故が生じたことにより、債務者が当該債務

の全部を一時に履行することが困難であるため、履行期限を延長することがやむを得ないと認められるとき。

四　損害賠償金又は不当利得による返還金に係る債権について、債務者が当該債務の全部を一時に履行することが困難であり、かつ、弁済につき特に誠意を有すると認められるとき。

（免除）

第171条の7　普通地方公共団体の長は、前条の規定により債務者が無資力又はこれに近い状態にあるため履行延期の特約又は処分をした債権について、当初の履行期限（当初の履行期限後に履行延期の特約又は処分をした場合は、最初に履行延期の特約又は処分をした日）から10年を経過した後において、なお、債務者が無資力又はこれに近い状態にあり、かつ、弁済することができる見込みがないと認められるときは、当該債権及びこれに係る損害賠償金等を免除することができる。

3　前2項の免除をする場合については、普通地方公共団体の議会の議決は、これを要しない。

5　債権放棄条例の対象となる債権

　債権放棄条例を制定する目的から考えると、債権放棄条例の対象となる債権は、次の三つとなります。

①　時効完成債権

　消滅時効について、民法が適用になる債権のうち、消滅時効の期間が完成したもの。なお、自治法や個別の債権管理法が適用される時効完成債権については、時効が完成したときに自動的に消滅します。時効完成債権という観点からは、債権放棄条例の対象にする必要はありません。

②　徴収困難債権のうち、消滅時効について自治法が適用されるもの

　消滅時効について、自治法や個別の債権管理法が適用になる債権のうち、生活保護の受給、所在不明などの理由によって、徴収が見込めなくなったもの。

③　徴収困難債権のうち、消滅時効について民法が適用されるもの

　消滅時効について、民法が適用になる債権のうち、消滅時効の期間が完成していない②と同様に徴収が極めて困難になった債権

表3　債権放棄条例の対象

消滅時効の規定	時効完成債権	徴収困難債権
自治法適用債権	（消滅している）	②
民法適用債権	①	③

6　債権放棄条例の対象にならない債権とできない債権

　これらの債権放棄条例の対象となると考えられる債権のうち、法的に債権放棄条例の対象にならない債権とできない債権があります。少し複雑で、理解が難しい部分なので順を追っての説明を用います。ポイントは「滞納処分」です。

　自治体の債権の中には、滞納処分ができる債権、つまり、自治体自らが財産を差し押さえて債権に充てることができる債権と、滞納処分はできず、裁判によらなければ強制執行できない債権があります。

　この滞納処分ができるかどうかという債権管理の基準は、次の理由から、本来は、債権放棄条例の対象とすべきかどうかとは関係がないはずです。

・前記5の①時効完成債権について

　滞納処分の根拠は、自治法231条の3第3項や地方税法などの個別法にある。一方で、自治体債権の消滅時効の根拠は、主に自治法236条と民法166条や145条であり、根拠が別である。

・前記5の②③徴収困難債権について

　滞納処分の対象（自治法231条の3第3項など）であるか、あるいは民事訴訟による強制執行の対象であるかと、徴収困難になるかどうかとは、やはり根拠が別である。

　ですから、制度的には滞納処分の可否と債権放棄条例のしくみとは、無関係であるはずです（表4）。

表4　消滅時効と滞納処分（強制徴収）との関係（1）

消滅時効の規定	時効完成債権		徴収困難債権	
	滞納処分債権	非滞納処分債権	滞納処分債権	非滞納処分債権
自治法適用債権	（存在しない）		②－1	②－2
民法適用債権	①－1	①－2	③－1	③－2

　しかし、実際の法律においては、滞納処分（強制徴収）ができる債権は、すべて消滅事項について自治法236条が適用されます。民法の消滅時効が適用される債権、つまり、5年で自動消滅しない債権（①－1及び③－1）は存在しません（表5）。

表5　消滅時効と滞納処分（強制徴収）との関係（2）

消滅時効の規定	時効完成債権		徴収困難債権	
	滞納処分債権	非滞納処分債権	滞納処分債権	非滞納処分債権
自治法適用債権	（存在しない）		②－1	②－2
民法適用債権	（存在しない）	①－2	（存在しない）	③－2

　さらに、滞納処分（強制徴収）ができる債権は、債権放棄の規定をそれぞれの根拠法令に持っています。よって、徴収困難債権に当たるとしても、債権放棄条例の対象にする必要がなく、また、対象にすることはできません。法律の規定を条例（債権放棄条例）で書き換えることになるからです（表6、表6－1）。

表6　消滅時効と滞納処分（強制徴収）との関係（まとめ）

消滅時効の規定	時効完成債権		徴収困難債権	
	滞納処分債権	非滞納処分債権	滞納処分債権	非滞納処分債権
自治法適用債権	（存在しない）		（対象にできない）	②－2
民法適用債権	（存在しない）	①－2	（存在しない）	③－2

表6－1　債権放棄条例の対象となる債権

消滅時効の適用	強制徴収の可否	債権放棄条例の対象
民法適用債権（援用要）	強制徴収（滞納処分）ができない債権	○
自治法適用債権（援用不要）		○
	強制徴収（滞納処分）ができる債権	×

7　債権放棄条例の対象にできる債権

したがって、債権放棄条例の対象にできる債権は、次の三つのいずれかに該当するものとなります。

① （本書でいう）時効完成債権（消滅時効に民法が適用。①-2）
② 消滅時効について自治法が適用される非滞納処分回収困難債権（②-2）
③ 消滅時効について民法が適用される非滞納処分回収困難債権（③-2）

債権放棄条例を、どのような債権を対象として制定すべきかについては、法律の規定は置かれていません。

というよりも、そもそも「債権放棄条例」という制度があるわけではなく、「条例で定めれば債権を放棄することができる」（自治法96条1項10号）という規定を債権管理に用いたものに過ぎません。

そこで、法的には債権放棄条例の対象とすることが可能な①、②及び③の債権のうち具体的にどのパターンの債権を債権放棄条例の対象にすべきか、という政策的な選択を行うことになります。

8　債権放棄条例制定における対象債権の選択

債権放棄条例を制定する際の対象債権の選択においては、大きく二つの判断が考えられます。

Ⅰ　時効完成債権（①）だけを対象とする。
Ⅱ　Ⅰに加えて徴収困難債権（②及び③）も対象とする。

債権放棄条例が制定され始めた当時は、Ⅰパターンの条例が大半でした。条例制定における問題意識が、「時効の援用が必要な債権（消滅時効について民法が適用される債権）をいかに消滅させるか」だけだったからです。

しかし、Ⅱが適当であると考えられます。Ⅱのうち、消滅時効について自治法236条が適用される債権（②）は、5年間で自動消滅するので、わざわざ債権放棄条例を用いて消滅を図る必要はないようにも思えます。

しかし、徴収が極めて困難であることが判明していながら、5年間保有しておく理由はありません。徴収困難であることが確定した段階で消滅させるべき

です。

　具体的に債権放棄条例の対象となる非滞納処分徴収困難債権のうち、その消滅時効について自治法236条が適用される債権（自動消滅債権）の主なものとしては、公の施設の使用料（水道施設及び公立病院以外は、自治法適用）、し尿処理手数料などが考えられます。

表7　債権放棄条例の対象となる非滞納処分債権

	時効が完成した債権		徴収困難債権	
消滅時効	自治法適用	民法適用	自治法適用	民法適用
債権放棄条例の対象	× （消滅済）	○（*）	○	○

＊本書で「時効完成債権」と呼んでいるもの。

9　時効完成債権の取扱い

　債権を放棄できる条件として、ほとんどの自治体の債権放棄条例では、時効完成債権を対象としています。しかし、消滅時効の期間が経過したという条件だけで放棄することは適当でありません。

　なぜなら、消滅時効期間が経過する前に訴訟を起こして強制徴収を試みるなどの具体的な徴収手段を採らなければならなかったはずだからです。また、徴収困難債権に該当した時点で債権放棄を行えば、時効完成債権は発生しないはずです。債権管理の建前としては、消滅時効が完成すること自体が適切な債権管理を行っていないことの証左であるとも考えられます。

　このように、徴収困難債権に該当しない時効完成債権、つまり、徴収がおよそ不能であることを把握しないまま消滅時効が完成してしまった民法適用債権を債権放棄条例の対象とすることは、本来は、適当ではないことをしっかりと理解しておく必要はあります。

　ただし、実務上は、徴収困難であることを客観的に把握することが難しい場合も少なくありませんし、議会や住民に対しても消滅時効の期間が経過するまで、徴収努力を継続したという外形を整えることには、一定の理由があるかもしれません。

よって、非徴収困難債権たる時効完成債権を債権放棄条例の対象とすることもやむを得ないとも考えられます。もちろん、明確に徴収困難債権としての確認はできなくても、実質的に徴収が極めて困難あるいは債務者の生活の状況から不適当であり、止むを得ず消滅時効が完成してしまったという一定の事実と説明は必要となります。

表8　自治体における債権放棄条例のおもな類型と対象債権

		時効完成債権	徴収困難債権	
		民法適用	自治法適用	民法適用
1	当初型	○	×	×
2	現在の主流A	○	×	○
3	現在の主流B	○	○	○
4	理想形	×	○	○

10　債権放棄条例の問題点

　債権放棄の規定だけではなく、督促などの債権管理全般についても定め、「債権管理条例」という内容で条例を定めている自治体が、相対的には多くなっています。

　しかし、条例で定めなければならない事項は、「放棄」だけです（自治法96条1項10号）。一般的な債権管理条例に規定されている督促などの債権管理に関する事項は、すでに自治法や同法施行令に定められているものの「重ね書き」です。本来的にはおかしな規定であると考えられます。実害として考えられるのは、議会に付議した場合に、「重ね書き」の部分について、修正案が出されたときでしょう。「法律の規定なので修正はできません（違法になります）」、「では、なぜ、条例案として付議したのだ」というやり取りになりかねません。

　よって、条例事項である債権放棄に限った「債権放棄条例」を制定することの方が適切です。なお、条例の題名について、「放棄」という表現がネガティブなものなので、それを避けるために「管理」としているとしたら、それは、大きな勘違いです。

　債権放棄は、債権の管理において必要な法的行為であり、法制度に根拠を持

つ正当な事務です。督促などのきちんとした管理をしている限りは、債権を放棄することに負い目を感じながら条例を制定・運用する必要は全くありません。

11 債権の放棄と債権の消滅との違い

　債権を放棄する際の手続きは、自治法の上では96条1項10号だけですが、放棄した債権を消滅させるためには、債務者への通知が必要です。これは、自治体の債権にも適用される民法の規定です（同法97条）。

　債務者への債権放棄の通知あるいはそれに代わる裁判所での公示がなければ債権は消滅せず、不納欠損処理はできません（民法97条、98条）。

　一方で、自治法236条が適用される債権について消滅時効が完成した場合や個別に債権放棄の議決を経た場合は、債務者への通知がなくても確定的に消滅します。

12 対象債権の定義

　多くの自治体の債権放棄においては、対象となる債権を「非強制徴収公債権」、「私債権」と規定している例がみられます。

　「非強制徴収公債権」とは、消滅時効について自治法が適用される債権のうち強制徴収（滞納処分）できないもの、「私債権」とは、消滅時効について民法が適用される債権のことを指しているようです。

　そのうえで、「非強制徴収公債権」が徴収困難になったときや「私債権」が徴収困難になったとき及び消滅時効が完成したときに債権放棄ができるというしくみになっています。

　債権放棄条例の対象は正しく捉えていることになります。しかし、債権放棄条例の目的に従って、「放棄対象債権」というような固有の定義を置いたほうがより適切であると考えられます。

Step 3

財産管理の理解を
「公営住宅の管理」に
落とし込んで考えよう

第1章 公営住宅法の目的

公営住宅は、自治法における公の施設の一つですが、公営住宅法によって、利用の資格が定められ、また、収入に応じて使用料が決定されるなど、他の公の施設とは大きく異なった管理のしくみが用意されています。

公営住宅の管理においては、直接の根拠である公営住宅法だけではなく、自治法の財産管理と債権管理の分野の理解も必要となります。

公営住宅法は、経済的、社会的理由から、世帯状況や生活条件に合った住宅を確保できない住民に対して、民間の賃貸住宅よりも安い家賃で、住宅を提供することを目的としたしくみです（公営住宅法1条）。

公営住宅法によって設置される住宅を「公営住宅」と呼びます（同法2条2号）。

○公営住宅法（一部略）

（この法律の目的）

第1条 この法律は、国及び地方公共団体が協力して、健康で文化的な生活を営むに足りる住宅を整備し、これを住宅に困窮する低額所得者に対して低廉な家賃で賃貸し、又は転貸することにより、国民生活の安定と社会福祉の増進に寄与することを目的とする。

（用語の定義）

第2条 この法律において、次の各号に掲げる用語の意義は、それぞれ当該各号に定めるところによる。

一 地方公共団体 市町村及び都道府県をいう。

二 公営住宅 地方公共団体が、建設、買取り又は借上げを行い、低額所得者に賃貸し、又は転貸するための住宅及びその附帯施設で、この法律の規定による国の補助に係るものをいう。

公営住宅の入居における「平等」

公営住宅は公の施設の一つです（自治法244条）。公の施設の管理においては、自治法によって、平等な住民の利用を確保しなければならないとされています

（同条3項）。さらに、公営住宅法においても、同じ趣旨の条文が置かれています（同法25条1項）。

〇地方自治法（一部略）

（公の施設）

第244条

3　普通地方公共団体は、住民が公の施設を利用することについて、不当な差別的取扱いをしてはならない。

〇公営住宅法（一部略）

（入居者の選考等）

第25条　事業主体の長は、（略）公正な方法で選考して、当該公営住宅の入居者を決定しなければならない。

　公民館や体育館などにおける「平等」とは、申請の順番に利用者を決定することでしょう。あるいは、申請期日を決めて抽選を行うことだと考えられます。

　同じ公の施設であっても公営住宅の場合は、平等の意味が異なります。「住宅に困窮する低額所得者に対して低廉な家賃で賃貸すること」を目的として設置されたものですから、本来は、住宅に困っている度合いに応じて、順番に入居者を決定することが、公営住宅の管理における「平等（公正）」です。

　実務においては、順位付けによって決定する住宅と抽選による住宅とを分けて募集している自治体や、すべての住宅について抽選で入居者を決定している自治体も多いようです。

　そこで、「順位付けが例外的なもので、抽選が本来的な方法だ」と考える職員がいるとしたら、彼には公営住宅の管理を行うに当たって必要な認識が欠けていることになります。

　法における平等についての、次の言葉をご紹介しておきます。

　「平等とは、同じものは同じように、違うものは違うように扱うこと。」

　これは、違うものを同じように扱う「画一的、形式的平等」こそが、最大の不平等であるという意味を含んでいます。

　公営住宅法だけではなく、それぞれの法律や条例（「法」といいます。）は、社

会において必要とされている特定の目的を実現するために、対象となる住民と対象とはならいない住民とを分ける手段として制定されています。「何をもって違うものとするか」が法の基準なのです。

いい換えれば、単に論理的、画一的な立場（そのような思考回路の人たち）から見れば法は常に「不平等」の実現を志向していることになります。自治体からの給付やサービスを受給している住民に対する偏見やいわれのない批判があるとしたら、それは、法的な「平等」についての無理解が起点となっているとも考えられます。

形式的な平等は法的には不平等であり、法的な（実質的な、本当の）平等は形式的な不平等なのです。

表　公の施設の管理における「平等」

	公の施設 （自治法244条3項）	公営住宅 （公営住宅法25条1項）
条文の規定	不当な差別的取扱いをしてはならない	公正な方法で入居者を決定する
実質的な意味	平等に利用者を決定しなければならない	
法的な意味	申請順	住宅に困っている順

公営住宅の管理を学ぶに当たって

公営住宅の管理における自治体と住民との基本的な法律関係を明らかにするために、ここで、ある最高裁の判例（判断）をご紹介します。

判決／最高裁判所第一小法廷（上告審）

● 裁判年月日—昭和59年12月13日

● 事件番号—昭和57年（オ）第1011号

● 事件名— 建物明渡等請求上告事件

● **事件の概要**

A県の県営住宅に居住している使用者Yが、家賃を滞納し、部屋を無断で改築しました。

そこで、A県が、Yの行為（滞納と違法改築）は公営住宅法に違反し、さらには、明渡しを請求することができる行為に当たるとして、Yに対して部屋の明

渡しを求めて裁判を起こしました。

　裁判所は、A県の訴えに対して、Yの行為は仮に民間の賃貸住宅であれば、契約解除は認められない程度や事情のものであるとして、明渡しを認めませんでした。その理由の一つとして、「公営住宅の使用関係は、基本的には民間住宅における家屋賃貸借契約と異ならない」という見解を示しました。

● 「公営住宅の法律関係は民間住宅と同じ」という誤解

　この判決の「民間住宅における家屋賃貸借契約と異ならない」という部分を公営住宅の管理のあらゆる場面に当てはめて、判断を行おうとする立場があるようです。

　例えば、公営住宅の使用料（家賃）の、消滅時効に、民法166条を適用する自治体や、延滞金を徴収しない自治体が多くみられます。

　彼らが、判決理由を引用する際は、「最高裁の判例だから」と拠り所を得た安心感と自信に満ちた表情で語ります。

　しかし、この判決は、明渡しについてのものです。家賃債権の消滅時効や延滞金の徴収には、何の関係もありません。

　そもそも、裁判所に「公営住宅の管理は、一般的にどうあるべきか」などという判断や指示を行う権限や能力などありません。それぞれの事件についての黒白をつけることだけが、その役割です（社会科でも三権分立を習ったと思います）。

　この判決理由も、公営住宅の管理におけるあらゆる場面を把握し、理解したうえで導かれたものではないでしょう。それができるのは、行政だけです。

　公営住宅の管理においてみられる違法、不適当な判断は、この判例についての誤解が起点となっていることも少なくないようです。

　公営住宅法を学ぶに当たって、「民間住宅における家屋賃貸借契約と異ならない」に囚われている人は、まずは、それを頭と心の中から消すことから始めてください。公営住宅の管理に限らず、自治体のしごとにおいて大切なのは判例ではなく、住民の代表が定めた法律の規定です。その法律の規定を実現することに、公営住宅の管理を担当する職員の存在意義があります。

　真摯に法律や条例を理解しようとしない職員や民事に偏して明るい法律の専門家に限って、「判例で‥」、「判例に‥」と、便宜に裁判例を持ち出す傾

向もあります。

　判決文を当たれば、関係法令の理解をショートカットできるなどと誤解してはならないと考えます。判決文をまるで法典のように捉え、判決文のあらゆる部分を引用して、たとえていえば、捕獲したクジラを肉や皮、そして、鯨油に至るまで丸ごと利用するようにして、自治体における法律問題の解決を試みる態度は、法にかかわる者としてあるべきものとはいえません。特に家賃などに関係する（という誤解も含めた）債権管理の分野の判決が、「捕鯨」の対象になりやすいようです。

　根拠法がある限りは、まずは、その内容が拠り所です。何と同じわけでも、何に似ているわけでもありません。公営住宅は公営住宅法に基づく「公営住宅」なのです。

第2章 公営住宅への入居

住民の権利や義務は、自治体との「契約」又は自治体の「行政処分」によって発生します。公営住宅への入居に関しては、この契約と行政処分がさまざまな場面で使い分けられています。

公営住宅の管理においては、根拠法である公営住宅法の条文が契約を指示しているのか、あるいは、行政処分の根拠となっているのかを見極めることが基本となります。

1 入居決定の法的性質

入居者の決定は行政処分です（公営住宅法25条1項）。「入居を決定」の主体（主語）が、事業主体ではなく、「事業主体の長」とされています。

これは、契約ではなく、行政処分であることを示しています。公営住宅の管理に限らず、法的な意味において、契約の主体は自治体（事業主体）であり、行政処分の主体は機関（事業主体の長）だからです。

「公営住宅の入居における自治体と入居者との関係は契約関係である」と評価されることがありますが、入居を決定する行為は行政処分です。手続きについては、「使用許可（書)」という取扱いをしている自治体が多いようです。

行政処分と契約

法律関係が発生するには、行政処分又は契約の締結が必要です。一般的には、どちらかが選択的に用いられます。例えば、税の賦課は行政処分であり、水道の供給は契約です。一般的には（教科書的には）、両者は区分されます。

しかし、公営住宅の場合は、自治体と入居者との法律関係において、行政処分と契約とが交錯しています。行政処分である入居決定によって法律関係が発生し、その後は賃貸借契約が継続していきます。

表1 法律関係の発生方式と継続する法律関係

	法律関係の発生方式	継続する法律関係
公営住宅の入居	行政処分	賃貸借契約関係
水道の供給	契約の締結	水の供給を内容とする契約関係
税の賦課	行政処分	非契約関係（税法固有の法律関係）

表2 公営住宅法における法律関係

意思表示の主体	意思表示の性質	法律関係の発生	継続する法律関係
自治体（事業主体）	契約（＊）	契約の締結	契約関係
執行機関（事業主体の長）	行政処分	行政処分	契約関係

＊契約の意思表示は長が行うが、それは自治体（事業主体）の代表者としての長であり、契約の当事者は自治体である。一方、行政処分は代表者として行うものではない。

2 「落選」の法的性質

　公の施設の使用許可などの行政処分については、多くの場合、申請する権利、つまり、申請権が保障されています。公の施設の使用許可は、「申請という法的に正式な手続きに対する許可」です。

　申請権が保証されている場合は、許可だけではなく不許可も行政処分となります。よって、次のような手続きが必要です。

● 不許可の理由を不許可通知書に分かりやすく記載すること（行政手続法7条）。

● 不許可に対して、審査請求や訴訟の提起ができる旨の教示文を記載すること（行政不服審査法82条、行政事件訴訟法46条）。

　審査請求とは、不許可などの拒否処分について行政庁に再考を要求するものです（行政不服審査法2条）。また、行政事件訴訟法によって、裁判所に不許可の取消や許可を求めることもできます（行政事件訴訟法3条2項、6項1号及び8条1項）。

　一方で、公営住宅の入居決定（使用許可）の場合は、「申請」ではなく、「申込み」とされています（公営住宅法25条）。これは、申請権を保障せずに、住民が行う公営住宅への入居の申込み（申込書の提出）を、法的な効果のない、自

治体（事業主体）への事実上の要求・要望と位置付けていることを意味します。

　よって、落選通知には、審査請求や提訴ができる旨の教示文は必要ありません。落選の通知は不許可という行政処分の意味は持たず、法的には、「許可しませんでした（入居できません）」という、事実の通知としての効力しかないのです。落選しても、それに対して審査請求はできず、また、行政処分に対して行う類型の訴訟は起こすことはできません。

　公営住宅法における入居決定は行政処分であり、法的な効果を持ちますが、落選の通知は行政処分ではなく法的な意味は持たないのです。

表3　行政処分における申請権の保障

住民の 意思表示	自治体による 応諾通知	自治体による 拒否通知	審査請求・行政処分 としての提訴
申請	行政処分	行政処分	可
申込み、申し出	行政処分	事実の通知	不可

3　公営住宅の入居における法律関係（まとめ）

　公営住宅の利用おける法律関係は、やや複雑・難解です。理由としては、公営住宅法に利用関係や利用手続きについての具体的な規定が少ないことが挙げられます。ここで、全体を概観し、整理しておきます。

　まず、公営住宅への入居決定は行政処分です（公営住宅法25条）。公の施設の使用許可に相当します。しかし、一般的な公の施設の使用許可は申請に基づく行政処分であるのに対し、公営住宅の場合は申請権が保障されておらず、住民からの応募は、申込みという法的な行為ではない事実上の要求として位置付けられています（同条1項）。

　公の施設の利用関係において、使用料の決定は、行政処分です（自治法225条）。しかし、公営住宅法では、家賃の支払いに関する法律関係は契約であるとされており、入居の際や毎年度、申告に基づいて行う家賃の決定も、行政処分ではありません。

　家賃決定の通知は、公営住宅法に基づく、家賃支払い契約の申込みであり、

それに対する訴訟の提起がなければ、入居者において、それを承諾したとみなされ、家賃の支払い契約が実現することになります。毎年度に行う、入居者からの収入の申告による家賃の見直しは、契約内容の変更の意味を持ちます（公営住宅法16条1項）。

　家賃の減免も契約関係です（同条5項）。減免の申込みが、公営住宅法やそれを受けて減免について規定した条例に基づく、使用料の減額を内容とした契約変更の申込みに当たり、自治体による減免決定の通知がそれに対する承諾に相当します。

表4　公営住宅の入居に関する法律関係

	一般的な公の施設	公営住宅
権利の設定	行政処分（使用許可）	行政処分（入居決定）
使用料の決定（改定）	行政処分（使用料決定）	契約締結・変更（家賃の決定）
使用料の減免	行政処分（減免決定）	契約変更（家賃の減免）

4　公営住宅の入居資格

　公営住宅法に規定されている公営住宅の入居資格は二つです。

● 　住宅に困窮していること（公営住宅法23条2号。以下「住宅困窮要件」）。

● 　収入が一定金額を越えないこと（公営住宅法23条1号。以下「収入要件」）。

　さらに、公営住宅法の目的を実現するために、いい換えれば、同法の目的を阻害しない範囲で、自治体において必要であると認める入居要件があれば、条例で追加することができます（同法48条）。

　入居資格を定めている公営住宅法23条では「少なくとも住宅困窮要件と収入要件を具備していなければならない」とされているので、公営住宅法の目的を達成するために必要であれば、地域の事情に応じて追加できるのです。

○公営住宅法

（入居者資格）

第23条　公営住宅の入居者は、少なくとも次に掲げる条件を具備する者でなければならない。

一　その者の収入がイ又はロに掲げる場合に応じ、それぞれイ又はロに定める金額を超えないこと。

イ　入居者の心身の状況又は世帯構成、区域内の住宅事情その他の事情を勘案し、特に居住の安定を図る必要がある場合として条例で定める場合　入居の際の収入の上限として政令で定める金額以下で事業主体が条例で定める金額

ロ　イに掲げる場合以外の場合　低額所得者の居住の安定を図るため必要なものとして政令で定める金額を参酌して、イの政令で定める金額以下で事業主体が条例で定める金額

二　現に住宅に困窮していることが明らかであること。

○公営住宅法施行令

（入居者資格）

第6条　法第23条第1号イに規定する政令で定める金額は、25万9千円とする。

2　法第23条第1号ロに規定する政令で定める金額は、15万8千円とする。

5　公営住宅の入居資格（住宅困窮要件）

　公営住宅の入居資格の一つである「住宅に困窮していること」（公営住宅法23条2号）における「住宅」とは、その住民にとって必要とされる最低限度の広さ、設備、立地などを備えた住宅、つまり、公営住宅法の目的である「健康で文化的な生活を営むに足りる住宅」のことです（同法1条）。

　よって、「住宅に困窮している」とは、住む家自体が無いという意味ではなく（稀に、それも含みますが）、現在、住んでいる住宅が狭い、勤務先や通院先から遠すぎる、居住のための維持管理が困難な程に老朽化しているなどの理由で、安定した快適な生活を送ることが難しい状況を指します。

現実に必要な住宅に住んでいなくても、必要な住宅を確保するだけの収入を得ている住民は、自らの意思によってその住宅に居住しているのであって、客観的には、住宅に困窮していないと評価すべきです。反対に、現に必要な賃貸住宅に居住していても、収入に比べて家賃の負担が過大で、それによって生活を圧迫されている住民は、実質的には住宅に困窮していると考えられます。

このように、住宅に困窮しているかどうかは、主に、その住民が置かれている経済的な状況によって判断されます。公営住宅への入居要件である「住宅に困窮する低額所得者」とは、多くの場合、住宅に困窮しているかどうかにかかわらず、必要な住宅を確保する（家賃を負担できる）だけの収入を得ていない住民全体を意味することになります。

よって、公営住宅法の対象者である「住宅に困窮する低額所得者」（同法1条）の「住宅に困窮する」は、独立した要件ではなく「低額所得者」の形容詞として機能すると考えられます。

表5　公営住宅法の施策対象者

	必要な住宅に住んでいる	必要な住宅に住んでいない
所得が低額ではない	×	×
所得が低額である	○	○

住宅困窮要件の具体的な内容については、入居者の選考基準について定めている公営住宅法施行令7条が参考になります。

同条は、公営住宅法23条2号の委任を受けたもの、つまり、「住宅に困窮していること」を入居要件としている同号の具体的な内容を決めるために定められたものではありません。「入居要件」（同法23条2号）ではなく、「選考基準」（同法25条）を規定したものです。

よって、本来は、募集戸数よりも申込者が多い場合において、住宅困窮要件を満たした者についての、さらなる絞り込みや優先順位付けのために用いられるべきものです。

しかし、公営住宅法施行令７条の趣旨は、「入居者の選考は・・・次の各号の一に該当する者のうちから行う」と、優先順位付けの基準ではなく、中身としては、むしろ、入居要件であるかのように記述されています。また、その各号の内容も、住宅に困窮しているとみなされる場合を網羅的に規定しています。

　そこで、公営住宅法施行令７条は、その見出しにかかわらず、実質的には住宅困窮要件の役割を果し、公営住宅法25条の基準としてよりも同法23条２号の解釈において、項目としては、役立つと考えられます。

● 公営住宅法施行令における選考基準の具体性

　一方で、公営住宅法施行令７条の規定は、おおまかで具体性に欠けるきらいがあります。例えば、同条３号は要するに「狭い」であり、同条５号は「遠い」です。理念的な規定です。いずれも、広さや距離は示されていません。そもそも、住宅に困窮していること自体やその度合い（深刻さ）は、数字で示せる（示すべき）ものではありません。この点につき、同条６号には、個別具体の事情に対応できる内容も用意されています。

　よって、住宅困窮要件は、居住可能な持ち家がないことを絶対条件としたうえで、「現在、賃借している住宅は、○○の理由で、私が望んでいるライフスタイルに合わない」という主観的な申し立てをすれば克服できる要件として機能すると考えられます。要件というよりも目安でしょう。

　公営住宅への入居のための実質的・客観的・定量的な要件は、「低額所得者であること」という収入要件だけであり、「住宅に困窮していると主観的に認識している、客観的な基準に当てはまる低額所得者」が公営住宅の入居資格者だと考えられます。

　公営住宅法25条と同法施行令７条との関係のように、一般的に、法律で行政処分（許可など。ここでは入居の決定）の要件を定めた場合に、その法律に「○○については政令で定める」とか、「政令で定める基準により」などの規定を置くことがあります。これを「法律から政令への委任」といいます。

　このような場合、政令が法律を解釈するための具体的な要件としての役割を果たします。

○公営住宅法（一部略）

（入居者の選考等）

第25条　事業主体の長は、入居の申込みをした者の数が入居させるべき公営住宅の戸
　　数を超える場合においては、住宅に困窮する実情を調査して、政令で定める選考基準
　　に従い、条例で定めるところにより、公正な方法で選考して、当該公営住宅の入居者
　　を決定しなければならない。

○公営住宅法施行令

（入居者の選考基準）

第7条　法第25条第1項の規定による入居者の選考は、条例で定めるところにより、
　　当該入居者が住宅に困窮する実情に応じ適切な規模、設備又は間取りの公営住宅に入
　　居することができるよう配慮し、次の各号の一に該当する者のうちから行うものとす
　　る。
　一　住宅以外の建物若しくは場所に居住し、又は保安上危険若しくは衛生上有害な状
　　　態にある住宅に居住している者
　二　他の世帯と同居して著しく生活上の不便を受けている者又は住宅がないため親族
　　　と同居することができない者
　三　住宅の規模、設備又は間取りと世帯構成との関係から衛生上又は風教上不適当な
　　　居住状態にある者
　四　正当な事由による立退きの要求を受け、適当な立退き先がないため困窮している
　　　者（自己の責めに帰すべき事由に基づく場合を除く。）
　五　住宅がないために勤務場所から著しく遠隔の地に居住を余儀なくされている者又
　　　は収入に比して著しく過大な家賃の支払を余儀なくされている者
　六　前各号に該当する者のほか現に住宅に困窮していることが明らかな者

6　公営住宅の入居資格（収入要件）

　入居資格のうち、入居収入基準、つまり、入居できる収入の上限は、条例で
定めます。なお、ここでの「収入」とは、月額であり、各種の控除を行ったあ
との金額を指します（公営住宅法16条、同法施行令1条）。

　条例で入居収入基準を定める際には、「政令で定める金額を参酌して」とい
う表現をもって、原則として15万8千円とすることとされています。

　また、25万9千円を上限としなければなりません（同法23条1号ロ、同法施行

令6条2項)。

　自治体ごとに政令とは異なる規定を置く理由が存在することは、少ないと考えられます。また、独自の入居収入基準を定めた理由を正当化する客観的な資料を示すことは、容易ではありません。さらには、特に市町村の場合は、周辺の自治体や都道府県の公営住宅と制度の整合を図る必要があります。

　よって、政令に従うこととはされていないので、政令の内容と異なる収入要件を定める余地自体は存在するものの、事実上、政令で定められた金額である15万8千円をそのまま、入居収入基準として条例に規定することになると考えられます。

　これとは別に、障害者など民間の賃貸住宅を確保することがより困難であると考えられる住民については、一般的な入居収入基準とは別に、政令で定める25万9千円を上限として、より高額な入居収入基準を条例で定めることができるとされています（公営住宅法23条1号イ、同法施行令6条1項）。

　この特例については、実際には、おおむね以下のような場合を条例で定めていることが多いようです。

①　入居者又は同居者に障害者がいる場合

②　入居者及び同居者がすべて60歳以上である場合

③　入居者及び同居者がすべて60歳以上又は18歳未満である場合

④　同居者に小学校就学前の児童がいる場合

　金額については、同法施行令6条1項は上限だけを規定していますから、一般の収入基準よりも自治体が金額を定める際の裁量は大きくなります。

　しかし、やはり、自治体独自に正当な入居収入基準を設定することは、技術的に困難なので、政令と同じ金額を条例で定めている自治体が多くなっています。また、法改正の経緯などにより、21万4千円以下を入居収入基準としている自治体も少なくありません。

　15万8千円までの入居収入基準が適用となる入居者あるいは、その基準自体を「一般階層」と、また、25万9千円を上限として条例で定められる基準が適用される高齢者や障害者などの入居者とその基準を「裁量階層」と呼ぶことがあります。

　入居収入基準について、まとめると次のようになります。

● 裁量階層（高齢者や障害者等）に適用されるもの

　─公営住宅法施行令6条1項で定める金額以下で決める（公営住宅法23条1号イ）

　─令和3年度現在は、25万9千円

● 一般階層（一般の入居者）に適用されるもの

　─公営住宅法施行令6条2項で定める金額を十分に参考にしたうえで決める

　　（公営住宅法23条1号ロ）

　─令和3年度現在は、15万8千円

　政令の上限に従って条例を制定した場合は、高齢者や障害者等が予定されている裁量階層については、一般階層よりも月額で約10万円収入が多くても入居資格を満たすことになります。

表6　収入要件の内容と根拠（公営住宅法）

	対象	基準
特例	心身の状況、世帯構成等により、条例で定める。 例：高齢者世帯、障害者世帯等 〔根拠〕法23条1号イ→条例	25万9千円を上限。条例で定める。 〔根拠〕法23条1号イ→施行令6条1項→条例
一般	上記以外 〔根拠〕法23条1号ロ→条例	15万8千円を参酌し、25万9千円を上限として、条例で定める（基本的には15万8千円）。 〔根拠〕法23条1号ロ→施行令6条2項→条例

7　公営住宅の入居資格（その他の要件）

　公営住宅法で規定されている住宅困窮要件と収入要件に、条例で自治体ごとの入居要件を加えることができます（同法23条）。

　条例で定める要件（資格）としては、次のようなものが一般的です。

① その自治体に住所または勤務先があること（住所要件）。

② 同居する親族があること（同居親族要件）。

②─1　単身者で入居できるのは、60歳以上の者、障害者、生活保護法の被保護者、DV被害者など。ただし、単身で生活できるか、又は、居宅での介護が可能な者

③ 入居者及び同居者が暴力団員でないこと。

④　家賃の滞納がないこと。

　実際には、公営住宅法23条に定める住宅困窮要件と収入要件も一緒に条例で、入居資格として規定している例が多いようです。法の住宅困窮要件と収入要件に、条例の住所要件と同居親族要件を列記したうえで、②─1に該当するものについて、住所要件と同居親族要件の例外とするという創りの条例が一般的です。法律と条例との両方を確認しなくて済むので機能的ではあります。

　しかし、法律ですでに規定している事項を条例に再掲することは、法的にはおかしなことです。法律の内容を自治体の議会で審議し直すことを意味するからです（もし修正、否決されたら、どうなるでしょうか。）。

　なお、このような条例による「法律事項の条例による重ね書き」は、公営住宅法48条の「公営住宅の管理事項は条例で定めること」とは意味が異なります。同条は、ここでの入居資格のように条例で追加できる事項や公営住宅法の規定を施行するために必要な事項を指しているはずです。仮に、同条が重ね書きを指示するものであるとすれば、公営住宅法あるいはその解釈における法的な理解が、一般的なものとは違うことを意味します。

　「滞納がないこと」については、現に入居している者も、他の部屋への入居の申込みができることが前提となっています。また、かつて入居していたときの家賃を滞納している場合も想定しています。

　退去後に未納となっている家賃については、5年間経過すれば消滅時効の完成によって債権は消滅します（自治法236条）。

　一部の自治体で採られている理解のように、仮に家賃債権の消滅時効について、自治法ではなく民法が適用されるとした場合にも、5年間経過後、債務者（入居していた者）において時効の援用を行えば、家賃債権は消滅します（民法145条、166条）。また、いわゆる債権放棄条例を制定している自治体においては、債務者の時効の援用がなくても、放棄する事項に該当すれば、債務者への債権放棄の通知をもって、債権が消滅します。

条例で入居資格を追加できる根拠

　条例で要件を追加できる根拠は、入居資格を定めた公営住宅法23条の「少なくとも」の規定です。同法に定める入居者の資格は最低限度、必要なものであ

り、条例で追加することを妨げないという解釈（立法者の意思）が採られています。

　なぜ、規則で追加できないのかといえば、公営住宅法48条の「公営住宅の管理に関することは条例で定めなさい」が根拠となります。

　この公営住宅法の入居資格の規定である同法23条のように「少なくとも」の文言から法律が定めた要件を条例で追加できるとするしくみは、かなり稀なものです。公営住宅のあり様が、地域によって異なることを前提としたものだと考えられます。

　法の趣旨からは、法の目的を達成する趣旨で住宅に困窮している低額所得者について、より正確に把握するために条例で入居資格が追加できるようになっているはずですし、そうでなければなりません。

　しかし、実際には、公営住宅の数と入居希望者が合わないため、数的に対象者を絞り込む手段として条例による入居要件が機能しているとも思われます。

暴力団員の公営住宅からの排除

　暴力団員、正確にいえば、暴力団員による不当な行為の防止等に関する法律2条2号に規定する暴力団の構成員でないことを、条例で入居資格として定めている自治体がほとんどです。

　かつては、具体的な違法行為を行っていないにもかかわらず、暴力団員であるという属性だけで公営住宅へ入居させないことが正しいのかどうかについては、慎重な検討が必要であるとされ、法的には疑問がありました。

　にもかかわらず、暴力団員を公営住宅から排除する条例が拡がったきっかけは、暴力団の構成員に明渡しを義務付けた条例の規定が違法ではないという最高裁の判決です。判決の概要は次のとおりです。

● 建物明渡等請求事件
最高裁判所第二小法廷平成25年（オ）第1655号
平成27年3月27日判決（抜粋）
● 暴力団員が市営住宅に入居し続ける場合には、当該市営住宅の他の入居者等の生活の平穏が害されるおそれを否定することはできない。

● 暴力団員は、自らの意思により暴力団を脱退することで暴力団員でなくなることが可能である。

● 暴力団員が市営住宅の明渡しをせざるを得ないとしても、それは、当該市営住宅には居住することができなくなるというにすぎず、当該市営住宅以外における居住についてまで制限を受けるわけではない。

● 以上の諸点を考慮すると、本件規定は暴力団員について合理的な理由のない差別をするものということはできない。したがって、本件規定は、憲法14条1項に違反しない。

● 本件規定により制限される利益は、結局のところ、社会福祉的観点から供給される市営住宅に暴力団員が入居し又は入居し続ける利益にすぎず、上記の諸点に照らすと、本件規定による居住の制限は、公共の福祉による必要かつ合理的なものであることが明らかである。したがって、本件規定は、憲法22条1項に違反しない。

この判決について、「暴力団員の入居を認めない条例は違法（憲法違反）ではない。公営住宅に暴力団を入居させないとしても、違法ではない」という結論だけが、広く知られているきらいがあります。

しかし、理解しなければならないのは、「公営住宅に入居することは、住民（人）にとって不可欠な権利（利益）ではない。だから、暴力団の構成員であるというだけで入居を認めず、退去させても違法ではない」という判決理由です。

公営住宅への入居することや公営住宅の位置付けそのものが、住民にとって重要なものではないという前提と理解に基づいた判決であり、また、入居者一般の公営住宅に居住する権利や住民が公営住宅に入居する権利が、民間住宅における契約上の権利との比較において、相対的な違いしか有しないという判決だともいえます。

公営住宅制度は、憲法で定められた基本的人権の具体化としての制度ではなく、あくまで政策的なものであるという判断です。それは、生活保護制度などとは違って、仮に、公営住宅法を廃止して公営住宅制度をなくしたとしても、憲法違反には当たらないということを意味しているともとれます。「公営住宅でしか住居を確保できない住民」は存在しないという理解にも繋がります。

「公営住宅の明渡しをせざるを得ないとしても、それは、当該公営住宅には居住することができなくなるというにすぎず、当該公営住宅以外における居住についてまで制限を受けるわけではない。（だから、重要な権利ではない）」が、何らかのきっかけによって、暴力団の構成員ではない住民に向けられる可能性をこの判決は示唆しています。

自治体職員としては、判決の「理由」の部分は安易に一般化や定式化をしてはならないことも、この判決から学ばなければなりません。そうでなければ、裁判の判決というものが構造的に「その事件についての正義を実現すると同時に、法制度や社会のどこかに歪をもたらす」ことになってしまいます。

〇公営住宅法

（管理に関する条例の制定）

第48条　事業主体は、この法律で定めるもののほか、公営住宅及び共同施設の管理について必要な事項を条例で定めなければならない。

---

8 入居者の募集方法

公営住宅の入居者を決定するに当たっては、原則として、入居を希望する住民を公募しなければなりません（公営住宅法22条）。

ここでいう公募とは、入居者を募集する部屋、募集期間、入居者の決定方法などを住民に広く知らせる手続きのことです。実際には、庁舎での掲示、ＨＰへの掲載などによって行います。すべての住民に、対象となっている公営住宅について入居を検討する機会を与えるという意義を持っています。

公募とは、多くの自治体で行われている申込者が競合した際の抽選を意味するものではありません。抽選で決定するのであれば、「抽選方式によって公募する」ということになります。

ただし、主に次の場合には、公募せずに特定の住民を特定の住宅に入居させることができます（同法22条1項）。

① 火事や風水害などの、災害の被災者が入居する場合

② 居住している不良住宅を撤去する者が入居する場合

③ 入居者のうち、加齢や病気によって、現在の部屋で生活することが困難に
なった者が、ほかの適当な部屋に移る場合

公募の手続きを経ずに入居することやそのしくみを、実務において「特定入
居」と呼ぶことがあります。ただし、法令上の用語ではありません。

③は、「住み替え」と呼ばれている特定入居の方法です（同法施行令5条3号）。
住み替えは入居者の申し出によって行われますが、住み替えの希望の対象とな
る部屋は、抽選においても希望者が多い部屋（例：エレベーター付。低層階）で
す。

よって、あくまで、公募が優先されるべきであり、そもそも住み替えは、公
営住宅への入居希望者の入居が数的には充足されているという前提に立ったし
くみであると考えられます。

〇公営住宅法

（入居者の募集方法）

第22条 事業主体は、災害、不良住宅の撤去、公営住宅の借上げに係る契約の終了、
公営住宅建替事業による公営住宅の除却その他政令で定める特別の事由がある場合に
おいて特定の者を公営住宅に入居させる場合を除くほか、公営住宅の入居者を公募し
なければならない。

2 前項の規定による入居者の公募は、新聞、掲示等区域内の住民が周知できるような
方法で行わなければならない。

〇公営住宅法施行令（一部略）

（法第22条第1項に規定する特別の事由）

第5条 法第22条第1項に規定する政令で定める特別の事由は、次に掲げるものとする。

三 現に公営住宅に入居している者（以下この号において「既存入居者」という。）
の同居者の人数に増減があつたこと、既存入居者又は同居者が加齢、病気等によっ
て日常生活に身体の機能上の制限を受ける者となったことその他既存入居者又は同
居者の世帯構成及び心身の状況からみて事業主体が入居者を募集しようとしている
公営住宅に当該既存入居者が入居することが適切であること。

---

9 / 優先入居

　公募の例外とは別に、多くの自治体で、特に住宅の確保が困難であると考えられる住民に対しては、公募を行ったうえで、優先的に公営住宅に入居できるようなしくみが採られています。

　具体的には、次のような世帯に属する住民を優先入居の対象にすることが考えられます。

● 　高齢者だけの世帯

● 　障害者がいる世帯

● 　ＤＶ被害者がいる世帯

● 　母子・父子世帯

● 　多子世帯

　優先入居の方法としては、主に次のような方法が考えられます。

① 　上記の世帯に該当する住民しか申込みができない住宅（ここでは、「特定目的住宅」といいます）と入居資格に該当していれば申し込むことができる住宅（ここでは、「一般住宅」といいます。）とを分けて公募する。

　特定目的住宅に申込みが競合した際は、住宅に困窮している度合いを点数化して入居者を決定する。

② 　一般住宅に申込みが競合した際に、入居の上記の世帯に該当する住民を優先的に入居させる。競合した場合は、やはり点数化して決定する。

　このような優先措置（「優先入居」と呼ぶことがあります。）を行うことができるという、具体的な法の根拠はありません。優先入居は制度ではありません。

　しかし、そもそも、優先措置を行うことは、根拠の有無の問題ではなく、住宅困窮者に低廉な家賃で必要な住宅を提供するという、公営住宅法の目的から採るべき、つまり、法が当然に予定している決定方法です。

表7　公募の例外と優先措置

	根拠	適用される場合
公募の例外	公営住宅法22条	災害、不良住宅撤去、住み替え
優先措置	なし（法の目的）	障害者世帯など

公募の例外や優先措置のほかにも、条例で追加した入居要件について、住宅の確保が困難だと考えられる住民に例外を設けること、具体的には条例で同居者がいることを入居資格としたうえで、高齢者や障害者などについては、単身でも入居できることとしている例があります。

　特定入居、優先入居、入居資格の例外のどれも要件が似通っており、混同しがちになります。

表8　公募の例外、優先入居などの対象（例）

	被災世帯	老朽家屋	高齢世帯	障害者	DV被害	犯罪被害	母子父子	多子世帯	児童あり	生保受給
①特定入居	○	○								
②優先入居			○	○	○	○	○	○		
③単身入居			○	○	○					○
④裁量階層			○	○					○	
⑤一時入居	○					○	○			

＊⑤は行政財産の使用許可の対象

10　同居

　当初の入居時に同居していなかった親族を新たに同居させるには、自治体（事業主体）の承認を得なければなりません（公営住宅法27条5項）。この承認は、許可のような行政処分ではなく、契約内容の変更の申込みと承諾に当たります。

　そもそも、公営住宅法においては、同居できる者の範囲についての規定はありません。しかし、公営住宅の趣旨から同居できるのは、原則として親族に限られると考えられます。親族の範囲は、各自治体が条例で定めることになります（同法48条）。

　同居の承認ができないのは次の場合です（同法施行規則11条1項）。

①　同居した後の世帯の収入が、同法施行令6条1項に定める25万9千円を超える場合（同項1号）

②　家賃を3月以上滞納している、無断改築などの重大な法令・条例違反の行為があるなど、公営住宅法32条1項1号から5号の明渡し事由に当たる場合（同項2号）。

①については、条文のうえでは、条例で公営住宅法施行令6条1項に定める25万9千円未満の入居収入基準を定めた場合であっても、同居収入基準は常に25万9千円であると解釈することもできそうです。

しかし、実務においては、「同居収入基準＝入居収入基準」を規定しているものだとして運用されており、各自治体が条例で定めている一般階層と高齢者世帯や障害者世帯などの裁量階層それぞれの入居収入基準を、同居の際の収入基準として条例で定め、「入居できない場合は同居もできない」というしくみを採っています（公営住宅法23条、同法施行令6条及び同法48条）。

なお、入居者や同居者と婚姻した時や入居者や同居者の看護のためであれば、上記の要件にかかわらず、また、親族でなくても同居することができます（同法施行規則11条2項）。

同居後の新たな家賃決定の時期としては、一般的には、同居によって家賃が下がる場合、つまり、同居者についての控除（1人につき38万円。公営住宅法施行令1条3号ロなど）のほうが、新たな同居者の収入より高い場合は、同居時に家賃を再決定し、家賃が上がる場合は、翌年度から家賃を再決定することになると考えられます。

入居収入基準と同居収入基準との関係

同居を承認する際の収入基準は、入居収入基準と同じでなければならないと考えられます。申込み時に同居者であったとしたら、入居者が入居決定（使用許可）を得られなかったはずの者が、後から同居できるのは明らかにおかしなことだからです。

しかし、本文でも触れていますが、公営住宅法施行規則11条1項1号では、同居の際の収入要件が、同法施行令6条1項の25万9千円で固定されているように思えます。

これでは、入居収入基準と同居収入基準との間に齟齬が生じてしまいます。「入居はできない場合でも、その後の同居はできる」ことになるからです。

この規定は、一般階層の入居収入基準を定めた同法施行令6条2項が参酌基準であることを踏まえたものだと考えられます。

同項は一般階層の入居収入基準を「15万8千円」と規定しています。これは、

十分に参考にしなければならない基準ではありますが、制度的には、15万8千円未満の額や15万8千円を超え、同条1項の裁量階層の上限である25万9千円以下の額に、一般階層の入居収入基準を定めることは可能です。

　そこで、同居の収入基準を定めた公営住宅法施行規則11条1項1号は、条例で、一般階層の入居収入基準を参酌基準どおりに制定しなかった場合に対応するために、「同法施行令6条（1項及び2項を指す）に定める額」とはせずに、自治体が条例で制定し得る入居収入基準の上限額である同条1項の額（25万9千円）だけを、同居収入基準における「上限」という意味合いで定めたものだと考えられます。

　「同法施行令6条に定める額」としたのでは、一般階層の居収入基準を必ず15万8千円（同条2項）としなければならないことが前提となってしまうからであり、公営住宅法施行規則11条1項1号は、やはり、「入居収入基準＝同居収入基準」を意図したものだと考えられます。

　本来、現在の同法施行規則11条1項1号の規定は、次のいずれかであるべきだとも考えられます。

① 明確に「公営住宅法23条1項の条例で定める金額」と規定する。
② 同居の収入要件は規定せずに（同号の規定は置かずに）、当然に、同居の承認の際も入居収入基準が適用されるとの解釈を採る。

　①については、実際に、承継についての承認要件を定めた公営住宅法施行規則12条1項2号では、「同法第29条第2項の規定により事業主体が条例で公営住宅の明渡しの請求に係る収入の基準を別に定める場合にあっては、当該条例で定める金額」という規定を置いています。

　②については、全く無理な運用ではなく、むしろ、現行のしくみよりも理解しやすいと思われます。

表9　入居収入基準と同居収入基準との関係（法令の規定）

	根拠	額
入居収入基準	公営住宅法23条 →公営住宅法施行令6条	・裁量階層―「25.9万円」を上限に条例で定める額 ・一般階層―「15.8万円以下」を参酌して条例で定める額
同居収入基準	公営住宅法27条5項 →公営住宅法規則11条1項1号 →公営住宅法施行令6条1項	25.9万円 （入居収入基準に合わせることを含意）

11　承継

　入居者（公営住宅法では使用許可を受けた本人だけを「入居者」といいます。）が死亡又は退去した場合に、引き続きその部屋に居住しようとする場合も、自治体から、新たに入居者としての承認を受けなければなりません。この入居者の変更を、実務においては、「承継」、「承継の承認」と呼んでいます。

　自治体が行う承継の承認も同居の承認と同じく、行政処分ではありません。契約内容の変更の申込みとそれに対する同意です（公営住宅法27条6項）。申請権も保障されていません。

　基本的には、同居の場合と承認できる要件は同じですが、同居の場合と異なるのは、次の点です。

① 　承継のための入居収入基準は、明渡し義務が発生する収入超過者、いわゆる「高額所得者」の基準である31万3千円以下であること。

　すなわち、高額所得者ではない収入超過者にとどまる場合は、同居は認められないが、承継はできる。ただし、条例で高額所得者の基準をより低額に変えた場合は、その基準が承継の承認基準となる（同法29条、同法施行令9条1項、同法施行規則12条1項2号）。

② 　承継の承認を受けようとする者が、入居者と同居していた期間が1年に満たない場合は承継できないこと。

　　ただし、入居時から同居していた親族や婚姻によって同居した親族は、同居期間が1年未満でも承継できる（同法施行規則12条1項1号）。

③ 　同居の承認の場合と同じように、入居者や同居者の看護のためであれば、

上記①、②の要件にかかわらず、また、親族でなくても承継できること（同法施行規則12条２項）。

承継については、配偶者や高齢者、障害者に限るべきではないかという議論ないしは課題があります。

明渡し事由と同居・承継の承認

３月以上の滞納や無断改築などの明渡し事由（公営住宅法32条１項）に該当している場合は、介護による場合などを除いて、同居や承継の承認ができません（同法施行規則11条２項、12条２項）。

特に、承継については、同意における「該当する場合」ではなく、「該当する者であった場合」となっており、過去における明渡し事由への該当も、承認してはならない理由として挙げられています。

しかし、公営住宅法32条１項各号の事項は、明渡しの請求を行うかどうかという意思決定の前提として置かれているものであり、悪質なものかどうか、また、止むを得ない事情によって引き起こされたものでないかどうかなどの要素と併せて機能するものです。

「○年前に滞納が６月あったから」は、法令の規定以前の問題として、拒否の理由としては成立しにくいと考えられます。もし、そのような取り扱いをするのなら、滞納が３月を超えた段階で「（以後○年間は）承継の権利はありません」という通知が必要となるでしょう。

ですから、同号に並べられているそれぞれの事項だけを引用して、同居や承継についての行政判断の基準として機能させることは難しいと考えられます。

そもそも、明渡し請求をしていないのだから、同法32条１項には該当しないのではないか（自治体が該当しないと判断していることの証左ではないか）という反論も成立するかもしれません。

表10　同居と承継の要件（公営住宅法）

	同居（法27条5項）	承継（法27条6項）
法的性質	契約の変更の申込みと承諾	契約の変更の申込みと承諾
所得要件	・公営住宅法施行令6条1項の額（259,000円）以下 ・条例で特例を定めた場合は条例の額〔公営住宅法施行規則11条1項1号〕	・公営住宅法施行令9条1項の額（313,000円）以下 ・条例で特例を定めた場合は条例の額〔公営住宅法施行規則12条1項2号〕
消極要件	3月以上の滞納、共同施設の毀損、無断改築、無断での同居などの明渡し要件（法32条1項）に該当しないこと。〔公営住宅法施行規則11条1項2号・12条1項3号〕	
継続要件		同居期間が1年以上（当初からの同居、や婚姻による同居を除く）〔公営住宅法施行規則12条1項1号〕
例外	入居者や同居者の障害・病気、婚姻（同居の場合）	

表11　公営住宅法における同居・承継の基準

	収入超過者	高額所得者	入居者の介護のため
同居（27条5項）	×	×	○
承継（27条6項）	○	×	○

○公営住宅法（一部略）

（入居者の保管義務等）

第27条

5　公営住宅の入居者は、当該公営住宅の入居の際に同居した親族（婚姻の届出をしないが事実上婚姻関係と同様の事情にある者その他婚姻の予約者を含む。）以外の者を同居させようとするときは、国土交通省令で定めるところにより、事業主体の承認を得なければならない。

6　公営住宅の入居者が死亡し、又は退去した場合において、その死亡時又は退去時に当該入居者と同居していた者は、国土交通省令で定めるところにより、事業主体の承認を受けて、引き続き、当該公営住宅に居住することができる。

（公営住宅の明渡し）

第32条　事業主体は、次の各号のいずれかに該当する場合においては、入居者に対して、公営住宅の明渡しを請求することができる。

一　入居者が不正の行為によつて入居したとき。

二　入居者が家賃を3月以上滞納したとき。

三　入居者が公営住宅又は共同施設を故意に毀損したとき。

四　入居者が第27条第1項から第5項までの規定に違反したとき。

五　入居者が第48条の規定に基づく条例に違反したとき。

六　公営住宅の借上げの期間が満了するとき。

2　公営住宅の入居者は、前項の請求を受けたときは、速やかに当該公営住宅を明け渡さなければならない。

3　事業主体は、第1項第1号の規定に該当することにより同項の請求を行つたときは、当該請求を受けた者に対して、入居した日から請求の日までの期間については、近傍同種の住宅の家賃の額とそれまでに支払を受けた家賃の額との差額に法定利率による支払期後の利息を付した額の金銭を、請求の日の翌日から当該公営住宅の明渡しを行う日までの期間については、毎月、近傍同種の住宅の家賃の額の2倍に相当する額以下の金銭を徴収することができる。

4　前項の規定は、第1項第2号から第5号までの規定に該当することにより事業主体が当該入居者に損害賠償の請求をすることを妨げるものではない。

5　事業主体が第1項第6号の規定に該当することにより同項の請求を行う場合には、当該請求を行う日の6月前までに、当該入居者にその旨の通知をしなければならない。

6　事業主体は、公営住宅の借上げに係る契約が終了する場合には、当該公営住宅の賃貸人に代わつて、入居者に借地借家法（平成3年法律第90号）第34条第1項の通知をすることができる。

○公営住宅法施行規則

（法第27条第5項の規定による承認）

第11条　事業主体は、次の各号のいずれかに該当する場合においては、法第27条第5項の規定による承認をしてはならない。

一　当該承認による同居の後における当該入居者に係る収入が令第6条第1項に規定する金額を超える場合

二　当該入居者が法第32条第1項第1号から第5号までのいずれかに該当する場合

2　事業主体は、入居者が病気にかかつていることその他特別の事情により当該入居者が入居の際に同居した親族以外の者を同居させることが必要であると認めるときは、前項の規定にかかわらず、法第27条第5項の規定による承認をすることができる。

（法第27条第6項の規定による承認）

第12条　事業主体は、次の各号のいずれかに該当する場合においては、法第27条第6項の規定による承認をしてはならない。

一　当該承認を受けようとする者が入居者と同居していた期間が1年に満たない場合（当該承認を受けようとする者が当該入居者の入居時から引き続き同居している親族（婚姻の届出をしないが事実上婚姻関係と同様の事情にある者その他婚姻の予約者を含む。）である場合を除く。）

二　当該承認を受けようとする者に係る当該承認の後における収入が令第9条第1項に規定する金額（法第29条第2項の規定により事業主体が条例で公営住宅の明渡しの請求に係る収入の基準を別に定める場合にあっては、当該条例で定める金額）を超える場合

　三　当該入居者が法第32条第1項第1号から第5号までのいずれかに該当する者であつた場合

2　前条第2項の規定は、前項に規定する承認について準用する。

○公営住宅法施行令

（入居者資格）

第6条　法第23条第1号イに規定する政令で定める金額は、25万9千円とする。

2　法第23条第1号ロに規定する政令で定める金額は、15万8千円とする。

第3章 公営住宅の家賃制度

　公営住宅の家賃は、公の施設の使用料に当たります。使用料については自治法に、家賃については公営住宅法に規定があります。両者の規定が重なるときは、公営住宅法の規定が優先します。

　公営住宅法には「家賃」の定義は置かれていませんが、家賃とは、それぞれの住宅（部屋）を使用する対価を指します。

1　家賃の決定のしくみ

　入居の際には家賃を決定します。また、入居後は毎年度、家賃を決定し直します（公営住宅法16条）。家賃の決定は、次の二つの基準によって行います。

・　入居者の収入（経済力に応じて―応能）

・　部屋の立地、広さ、新しさ、設備（得られる利便性に応じて―応益）

　入居者の収入は、金額によって階層化され、その階層ごとに当てはめる「家賃算定基礎額」という値（金額）が決められています（同法施行令2条）。各入居者の家賃算定基礎額に、入居している部屋ごとの広義の利便性を示す各要素をかけ合わせて、入居者の家賃を決定します。

・　家賃＝家賃算定基礎額×規模係数×立地係数×経過年数係数×利便性係数

　家賃の決定は行政処分ではなく、家賃支払い契約の締結あるいは変更です（同法16条）。入居決定は行政処分であり、別の法律関係です。

表1　公営住宅の利用形態とその使用料

利用形態	利用の根拠	公の施設としての利用		行政財産としての利用
		目的内の利用	目的外の利用	
入居	公営住宅法16条	○（使用料・家賃）		
駐車場の利用	自治法244条	○（使用料）		
自販機等の設置	自治法238条の4第7項			○（使用料）
Gホーム等	公営住宅法45条		○（使用料）	

2 家賃算定基礎額の決定～収入の算定～

「収入」とは、公営住宅法独自の定義です。月額であり、入居者と同居者の所得を合算したものです（同法施行令1条3号）。

収入は、所得税法上の給与所得控除（給与所得者）、公的年金控除（年金所得者）、必要経費の控除（事業所得者及び年金所得者以外の雑所得がある者）を行った後の所得金額から公営住宅法に定められた控除を行い、算定します（同号）。

この収入と収入基準とを比較して入居要件の有無を判断し、あるいは、同施行令2条2項の別表から家賃算定基礎額を決定します。

図1　公営住宅法上の「収入」の算出過程

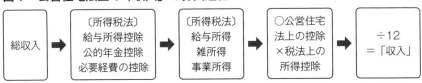

公営住宅法の収入の控除においては、所得税法の所得控除のうちのいくつかが準用されています（同法施行令1条3号）。一方で、所得税法とは考え方や控除の方法が次のとおり異なります。

● 入居者と同居者の所得金額を合計して、そこから控除額を合計した額を差し引いていきます。世帯単位で所得を把握します。「扶養親族」及び「同一生計配偶者」は、入居者だけではなく同居者についても控除の対象となります。

● よって、所得税のように一人の所得金額から全額控除できない、つまり、入居者又は同居者の一人について見れば、所得額よりも控除額の合計が大きくなる（マイナスになる）場合でも、控除額の合計が入居者及び同居者の所得の合計額よりも少なければ、基本的には控除することになります。

● ただし、同法施行令1条3号イの控除（本書では「特例控除」とします）については、それぞれの所得額から10万円を引いた額が10万円未満の場合は、その額だけを控除します（控除額として合算します。）。

● また、同号ヘの所得税法の寡婦控除に相当する控除については、所得額から特例控除を行った後の額が27万円未満の場合はその額だけを控除します。同じように、同号トの所得税法のひとり親控除に相当する控除については、特例控除後の所得額が35万円未満の場合はその額を所得額から控除します。

　　所得額を合算するのは入居者と同居者であり、特例控除の対象は給与所得者と年金所得者なので、給与所得者と年金所得者の所得額については、寡婦控除は所得が37万円未満の場合はその額、ひとり親控除の場合は所得額が45万円未満の場合はその額を限度として控除を行うことになります。

● 施行令１条３号ロの控除（本書では「基本控除」とします。）の38万円は、属人的に一人各38万円を控除します。よって、二つの要件に該当する者、例えば、「扶養親族である同居者」についても、38万円だけ控除します。

● 所得税法における「控除対象配偶者」を公営住宅法施行令１条３号では「同一生計配偶者」の範囲に拡げています。対象となる配偶者の要件（所得が48万円以下）は同じです。

表２　所得税法上の扶養親族と配偶者の定義

	扶養親族	同一生計配偶者	
		控除対象配偶者	左以外
配偶者が含まれる	×	○	○
控除の対象となる	○	○	×

表３　所得税法と公営住宅法の配偶者についての控除の比較

	右以外	同一生計配偶者（所得48万円以下）		
		控除対象配偶者（本人所得1,000万円以下）		左以外
所得税法	0	右以外	老人控除対象配偶者（70歳以上）	
		13～38万円	16～48万円	0
公営住宅法	0	右以外	70歳以上の同一生計配偶者	
		38万円	38万円＋10万円	

表4 所得税法上の所得控除の公営住宅法の収入における控除への当てはめ

		所得税法		公営住宅法施行令1条3号		
		額	範囲	根拠	額	範囲
所得金額算出上の控除	給与所得控除 公的年金控除 必要経費の控除	収入による		本則	同じ	
所得控除	障害者控除	27	本人 同一生計配偶者 扶養親族	ホ	同じ	入居者、同居者 同一生計配偶者 扶養親族
	(特別障害者)	40	同上	ホ	同じ	同上
	(同居特別障害者)	75	同上	なし	—	—
	寡婦控除	27まで	本人	ヘ	同じ	入居者・同居者
	ひとり親控除	35まで	本人	ト	同じ	入居者・同居者
	配偶者控除	38	控除対象配偶者	ロ	同じ	同一生計配偶者
	(老人)	48	70歳以上	ロ・ハ	同じ	同上70歳以上
	配偶者特別控除	(略)	(略)	なし	—	—
	扶養控除	38	被扶養者	ロ	同じ	同じ
	(老人)	48	70歳以上	ロ・ハ	同じ	同じ
	(同居老親)	58	同居	なし	—	—
	(特定扶養親族)	63	19~22歳	ニ	同じ	16~22歳
	基礎控除	収入による	本人	イ	10まで	入居者、同居者
	雑損控除、医療費控除、社会保険料控除、小規模企業共済等掛金控除、生命保険料控除地震保険料控除、寄附金控除、障害者控除、勤労学生控除など	(略)	(略)	なし	—	—

＊「同じ」＝所得税法と同じ内容。＊単位は万円

表5　控除対象者と各控除項目との関係（1）

控除対象者	基本的な控除額	付加的な控除額（該当する場合は＋する）				
		特例控除	70歳以上	16～22歳	障害者（特別障害者）	寡婦（ひとり親）
入居者	0	+10				+27（+35）
同居者	38				+27（+40）	
入居者・同居者の扶養親族			+10	+25		
入居者・同居者の同一生計配偶者						

＊単位は万円

表6　控除対象者と各控除項目との関係（2）

	入居者・同居者自身			入居者・同居者の扶養親族又は生計同一配偶者			
	基本的な控除	障害者（特別障害者）	寡婦（ひとり親）	基本的な控除	障害者（特別障害者）	70歳以上	16～22歳
入居者	0	+27（+40）	+27（+35）	38	+27（+40）	+10	+25（扶養親族のみ）
同居者	38						

＊単位は万円

家賃の規定が難解である原因

　公営住宅法施行令1条3号における家賃の計算方法の規定は、やや難解です。1号ロに、入居者及び同居者それぞれの同一生計配偶者と扶養親族が含まれるとは、文理的には読みにくいと思われます。

　同居者の所得も合算して家賃を決定するのだから、当然、同居者の扶養親族等も含むと理解すべきだということなのでしょうが、家賃を負担するのは入居者です。よって、本来は、入居者の所得と同居者の所得とでは、家賃の算定において含まれる意味が異なると考えられます。

　同施行令だけではなく公営住宅法本体も含めての家賃の規定が難しく感じるのは、「（家賃の）額を算定する」ための技術的な規定ぶりになっており、所得税法のように、「（家賃を）決定・賦課する」ための規定になっていないにもかかわらず、所得税法を引用していることに原因があると考えられます。

　この点について、所得税法と比べてみましょう。

○所得税法（一部略）

（障害者控除）

第79条　居住者が障害者である場合には、その者のその年分の総所得金額、退職所得金額又は山林所得金額から27万円（その者が特別障害者である場合には、40万円）を控除する。

2　居住者の同一生計配偶者又は扶養親族が障害者である場合には、その居住者のその年分の総所得金額、退職所得金額又は山林所得金額から、その障害者1人につき27万円（その者が特別障害者である場合には、40万円）を控除する。

居住者（税の負担者）を対象者に決めて、「彼が」、「彼にとってのどのような立場の者が」障害者であった場合に、居住者の所得について、この額を控除するという規定ぶりです。主（負担者）従（負担者の関係者）が明確です。

○公営住宅法施行令（一部略）

（用語の定義）

第1条　この政令において、次の各号に掲げる用語の意義は、それぞれ当該各号に定めるところによる。

三　収入　入居者及び同居者の過去1年間における所得税法（昭和40年法律第33号）第2編第2章第1節から第3節までの例に準じて算出した所得金額の合計から次に掲げる額を控除した額を12で除した額をいう。

イ　入居者又は同居者に所得税法第28条第1項に規定する給与所得又は同法第35条第3項に規定する公的年金等に係る雑所得（以下このイにおいて「給与所得等」という。）を有する者がある場合には、その給与所得等を有する者1人につき10万円（その者の給与所得等の金額の合計額が10万円未満である場合には、当該合計額）

ロ　同居者又は所得税法第2条第1項第33号に規定する同一生計配偶者（以下この号において「同一生計配偶者」という。）若しくは同項第34号に規定する扶養親族（以下この号において「扶養親族」という。）で入居者及び同居者以外のもの1人につき38万円

ハ　同一生計配偶者が70歳以上の者である場合又は扶養親族が所得税法第2条第1項第34号の4に規定する老人扶養親族である場合には、その同一生計配偶者又は老人扶養親族1人につき10万円

ニ　扶養親族が16歳以上23歳未満の者である場合には、その扶養親族1人につき25万円

ホ　入居者又はロに規定する者に所得税法第2条第1項第28号に規定する障害者がある場合には、その障害者1人につき27万円（その者が同項第29号に規定す

　　ヘ　入居者又は同居者に所得税法第2条第1項第30号に規定する寡婦がある場合
　　　には、その寡婦1人につき27万円（その者の所得金額からイの規定により控除
　　　する金額を控除した残額が27万円未満である場合には、当該残額）
　　ト　入居者又は同居者に所得税法第2条第1項第31号に規定するひとり親がある
　　　場合には、そのひとり親1人につき35万円（その者の所得金額からイの規定に
　　　より控除する金額を控除した残額が35万円未満である場合には、当該残額）

　「入居者」、「同居者」、「それらの生計同一配偶者や扶養親族」を横並びにし
て、家賃という額（数字）を算出しようという意図に見えます。

　公営住宅法の規定からは、「家賃を同居者の所得も含めて決定する」ことは
理解できても、「入居者が負担する使用料の決定において同居者の収入を合算
する」ことは理解しにくくなっています。

　同法施行令1条3号ロ、ハ、ニの規定を所得税法のように書き換えると以下
のようになると考えられます。

ロ　同居者一人につき38万円

ハ　所得税法第2条第1項第33号に規定する入居者又は同居者の同一生計配偶
　　者（以下この号において「同一生計配偶者」という。）若しくは同項第34号に規定
　　する扶養親族（以下この号において「扶養親族」という。）で入居者及び同居者
　　以外のもの一人につき38万円（同一生計配偶者が70歳以上の者である場合又は扶
　　養親族が所得税法第2条第1項第34号の4に規定する老人扶養親族である場合には、
　　その同一生計配偶者又は扶養親族一人につき48万円、扶養親族が16歳以上23歳未満の
　　者である場合には、その扶養親族一人につき63万円）

公営住宅法上の収入と所得税法上の課税標準額との異同

　所得税法では、「課税対象額」が税額算出の基準となり、公営住宅法では、
「収入」が入居資格の判定や家賃算出の基準です。

　課税対象額も収入もその算出過程で、所得税法における「給与所得（公的年
金、必要経費）控除後の額」を用います。そこまでは、両者は同じです。

　課税対象額と収入とが異なるのは、次の点です。

① 控除額の違い

　課税対象額は、所得控除後の額から所得税法上のほかの控除を行う。収入は、所得控除後の額から公営住宅法独自の控除を行う。

② 計算方法の違い

　地方税法においては、課税対象額の千円未満を切り捨てる。公営住宅法では、収入について切り捨ては行なわない。

　この点について、令和２年分の収入から、所得税法の改正で、給与所得控除（公的年金控除を含む）が10万円引き下げられ、基礎控除に振り替えられました。

　それを受けて、公営住宅法の収入について、新たに給与所得者や年金受給者に10万円の控除が設けられました（公営住宅法施行令１条３号イ）。公営住宅法上の収入を算定する際には、給与所得控除だけで基礎控除がないので、給与所得控除が減少した10万円分を公営住宅法の控除で措置したのです。

● 　給与所得控除―65万円→55万円

● 　公営住宅法上の控除―新たに10万円

　「－10＋10」で、所得税法の改正の影響は同法施行令の改正によって、解消されたようにも思えます。

　しかし、改正前は、収入が最も低い段階の65万999円以下の場合は、給与所得控除後の額が「０」とされていました。法改正後は、この段階が、55万999円以下に改正されたため、総収入が、65万１円～65万999円の入居者については、次のようなケースが生じることが予想されます（65万900円の例）。

● 　法改正前：給与所得控除後―０円

　　　　　　　公営住宅法上の収入―０円

● 　法改正後：給与所得控除後―10万900円

　　　　　　　公営住宅法施行令改正による控除―10万円

　　　　　　　公営住宅法上の収入―900円

　家賃の算定においては、収入額の切り捨てをしないので収入が900円上がります。このケースが単身者であれば、入居にも家賃の算定にも影響はありません。収入が０円であっても900円であっても、入居収入基準以下であり、かつ、最低ランクの家賃算定基礎額（10万４千円）以下だからです。

　しかし、同居者がいる場合は、その収入も合算しますから、この900円の影

響で、入居できなくなったり、家賃が上がったりする場合も想定されます。

収入の定義における課題

収入要件を定めている公営住宅法23条の「収入」とは月額であると理解されています。同条の委任を受けた同法施行令6条では、入居収入基準を裁量階層が「25万9千円」と、一般階層が「15万8千円」としていることからも、ここでの「収入」が、入居者の年間の収入総額ではなく、控除を行った後の月額を意図していることは明確です。

では、公営住宅法23条が規定する入居収入基準における「収入」が、「控除後の月額」だと解釈できるかどうか確かめてみましょう。

家賃の決定においては、同法16条1項で「政令で定めるところにより事業主体が定める」としたうえで、家賃の算定方法を政令に委任しています。委任を受けた同法施行令においては、収入とは「控除後の月額」（同法施行令1条3号）と定義されています。

よって、公営住宅法施行令2条2項の家賃算定基礎額の表の上欄にある「収入」も控除後の月額を指すことになります。家賃の決定における「収入」とは、「控除後の月額」であることが条文上も明確です。

しかし、公営住宅法施行令1条の「収入（控除後の月額）」の規定は、「この政令において」として、「収入」などの同法施行令における用語の定義を定めています。公営住宅法本体には、この定義規定の効果は及びません。

実際にも、公営住宅法16条の「入居者からの収入の申告に基づき」の「収入」が、同法施行令1条3号の「収入」ではなく、年総額の収入を指していることは明らかです。

よって、公営住宅法23条の「収入」に、同法施行令1条3号の収入の定義は適用されません。また、同法23条の委任を受けて、入居収入基準を規定している同法施行令6条には同法施行令1条3号の「収入」の定義が適用されますが、同法施行令6条には、「25万9千円とする」（1項）、「15万8千円とする」（2項）と額だけが規定されており、「収入」という言葉は出てきません。

ということは、公営住宅法施行令6条に規定された金額は、委任した同法23条における収入、つまり、年総額を意味することになります。仮に、同条に

「収入」という用語が使われていれば、それは、同法施行令1条3号の「控除後の月額」を指すのですが、そのような創りにはなっていません。

　入居収入基準における「収入」は、「控除後の月額」であるとは解釈できないとも考えられます。

● 条例における「収入」の定義

　入居収入基準は、条例で定めますが（公営住宅法23条1項）、いくつかの自治体においては、条例全体の用語を統一するための定義規定において、「収入」を「公営住宅法施行令第1条第3号に規定する収入をいう」としています。

○公営住宅法（一部略）

　（家賃の決定）

第16条　公営住宅の毎月の家賃は、毎年度、入居者からの収入の申告に基づき、当該入居者の収入及び当該公営住宅の立地条件、規模、建設時からの経過年数その他の事項に応じ、かつ、近傍同種の住宅の家賃以下で、政令で定めるところにより、事業主体が定める。

○公営住宅法施行令（一部略）

　（用語の定義）

第1条　この政令において、次の各号に掲げる用語の意義は、それぞれ当該各号に定めるところによる。

　三　収入　入居者及び同居者の過去1年間における所得税法第2編第2章第1節から第3節までの例に準じて算出した所得金額の合計から次に掲げる額を控除した額を12で除した額をいう。

○A市営住宅条例

　（定義）

第2条　この条例において、次の各号に掲げる用語の意義は、当該各号に定めるところによる。

　⑸　収入　公営住宅法施行令第1条第3号に規定する収入をいう。

　（収入の申告及び認定）

第12条　入居者は、毎年度、市長に対して、収入を申告しなければならない。

　2　前項の規定による収入の申告の方法については、規則で定める。

しかし、申告における「収入」は施行令1条にいう「控除後の月額」ではなく、同法16条における「年間の総収入」であるはずです。控除後の月額を申告させる意図ではないはずです。

この条例の規定は、前段で指摘した同法23条と同法施行令6条における条文の表現の不適切さ以前の問題として、自治体における法令の理解自体が十分でないことを表しています。

表7　公営住宅法における収入の定義

	規定内容	施行令1条の適用	「収入」の用語	「収入」の意味
法16条	家賃の決定方法	×	あり	年額
法施行令1条3号	政令における収入の定義	○	あり	月額
法施行令2条	家賃の算定方法	○	あり	月額
法23条	入居収入基準	×	あり	年額
法施行令6条	入居収入基準の具体化	○	なし	年額？

政令から条例への委任

基準の設定などを法律から条例に委任することがあります（公営住宅法23条1号）。その際に、法律が目的の提示だけではなく、政令に委任したうえで、基準の具体的な数値や事例を示すことがあります。

その政令の基準がどの程度、条例の内容を拘束するかについては、「従う」、「参酌する」、「標準とする」などの用語で示されています。

このような制度は制度として、現実には、多くの場合、政令の内容をそのまま条例に引き写すこととなるので、条例に委任せずに政令で決めてしまうか、さもなければ、条例ではなく規則に委任すべきではないかとも思われます。

しかし、多くの法律において置かれているこの条例委任は、法定や規則委任だったやり方をわざわざ改めたものです。自治体ごとの判断の余地を、議会の関与によって与えようというものですから、その意図やねらいを活かして、条例の内容を政令の内容とその拘束力である「従う」、「参酌する」、「標準とする」に従い、真摯に検討しなければなりません。

政令から委任される形で定めなければならなくなる条例の数が多く、面倒だ

という理由によって、条例で「公営住宅法施行令第6条1項に定める金額」などと規定すること（狙いは、政令が改正されても条例を改正しなくて済むこと）は論の外です。

3 家賃算定基礎額の決定〜収入の申告〜

収入は、申告に基づいて決定します（公営住宅法16条1項）。原則として、職権の調査はしませんが、入居者が、認知症、知的障害者、精神障害者など自ら申告を行うことが困難な場合は、職権で課税情報や給与の支払い状況を調査して、家賃を決定します（同法16条4項、同法施行規則8条及び同法34条）。

申告には、入居手続きのときや毎年行う申告の期間（法定はされていません。自治体が定めます。）において、提出できる直近の源泉徴収票や所得（課税）額証明を用います（同法施行令1条3号）。

申告内容と家賃決定年度との乖離

本来であれば、現に得ているリアルタイムの収入によって、家賃（直接的には家賃算定基礎額）を決定すべきであると考えられます。

しかし、そうすると、職に就いている入居者からは、勤務先の給与の支給額に関する証明を提出してもらうことになります。入居者にとって、また、何よりも家賃を決定する自治体にとって、事務処理上の負担が大きく、現実にはとても困難です。

よって、その年度の家賃は、前年度における一定の時期までに、その時点で提出させることができる課税証明書や源泉徴収票によって行なうこととされています（公営住宅法施行令1条3号）。

例えば、令和3年9月の入居申込の際には、令和2年中の所得を示す源泉徴収票などを提出させます。令和4年度の家賃の決定であれば、仮に申告時期を前年の10月と定めている自治体においては、令和3年10月に提出できる源泉徴収票や所得額証明書ですから、やはり令和2年分になります（公営住宅法施行規則7条）。

ただし、失業や転職などによって、源泉徴収票などの所得よりも大きく下が

っている場合は、退職証明書などによって、現状における所得で家賃算定基礎額を決定しなければなりません。控除についても、源泉徴収票などに記載されている入居者又は同居者の状況や扶養親族と申告時期における状況が、控除額が増える形で異なっているとの入居者からの申し出があれば、その状況を証明する書類を提出させて、家賃の控除を決定することとなります。

現在の給与の証明ではなく、所得額証明書などで収入を決定する理由として、収入は年ごとに大きく変わるものではないことも挙げられるようです。

しかし、公営住宅法では総収入に換算して20〜40万円程度の増減で、家賃が変わるように制度設定されています（同法施行令2条2項。家賃算定基礎額の表）。特に、若年層の給与所得者については、家賃の決定において、年ごとに有意に収入は上がるはずです。よって、「理由」にはなりにくいと考えられます。

4　家賃算定基礎額の決定〜収入申告の時期〜

申告の結果、前々年の収入が当時の家賃に相当する収入より高かったことが判明することがあります。つまり、仮に前々年に、その時の給与の証明を提出させていれば、より高い家賃になっていたはずだというケースです。

このような場合の処理については、遡って家賃を改定し、追徴することは行いません。前々年の収入であり、現状の収入ではないと分かっていて、その収入で家賃を決定するという取り扱いをしているために必然的に発生することなので、遡って家賃を決定し直すことは不当です。

収入申告とは別に、入居者が自ら、「現在、転職して、収入が大きく上がった。申し直さなくてよいのか」と申し出てきた場合についても、やはり、「申告する必要はない。家賃は変わらない」と答えることになります。

反対に、「今月から、収入が下がった」と申し出てきた場合には、少なくとも、失業、転職、雇用形態の変更などがあったときには、申告させたうえで、家賃を決定し直さなければならないと考えられます。所得額証明書などで2年前の収入で家賃決定するという便宜的なしくみによって、入居者に大きな不利益を与えることはできないからです。

「制度だから仕方がないではないか。下がるときだけ、現在の収入を反映さ

せるのは理屈としておかしい」という考え方からどうしても離れられない人がいたとしたら、彼が抱えているものは、公営住宅の担当者としてではなく、自治体職員としての課題であることになります。

表8 家賃決定のための証明書類と対象年度との関係（例）

申告書類	家賃の対象年度	家賃決定の作業年度	申告書類の帰属年
所得額証明書 源泉徴収票	令和4年度	令和3年度	令和2年分

表9 家賃決定後、その年度内における家賃の再決定の要否

	所得が下がった場合		所得が上がった場合
	失業・転職などによるもの	一時的なもの	
家賃の再決定	要	不要	不要

5 家賃算定基礎額の決定〜政令別表への当てはめ〜

　家賃については、収入によって、それぞれに一定の幅を持った8段階の家賃算定基礎額が法定されています（公営住宅法施行令2条2項）。入居申込み時における収入や入居後毎年度行う申告による収入が確定したら、その収入から家賃算定基礎額を決定します。

　表10は、同法施行令2条2項に定められた家賃算定基礎額の表を見やすくしたものです。左の欄のアルファベットは本書の便宜のために付しています。

　各階層の金額の幅（間差）が、均等ではなく歪になっているのは、各階層に属する統計上の世帯数の全体に対する割合を前提として、階層を決定しているからです。例えば、Aランクは所得が最も低い階層の10％までを対象として金額を設定しています。「全世帯を収入が下から○○％と○○％と・・・％のところで区分して家賃を差別化しよう」という意図のもとに家賃算定基礎額が設定されているのです。すぐれて政策的（判断的、選択的）な部分です。

　入居時の収入基準は、一般基準は基本的には15万8千円であり、また、多くの自治体では、年長者、障害者などについての裁量基準の政令上限は25万9千

円です（同法施行令６条）。

　よって、ここから先は、次の収入基準を前提にします。

● 　一般階層の基準（一般世帯）―15万８千円

● 　裁量階層の基準（高齢者、障害者世帯など）―25万９千円

　一般階層基準の上限の15万８千円を超え25万９千円までの３階層（E〜Gまで）は、裁量階層専用の家賃算定基礎額です。最下の階層から４つ（A〜Dまで）が、一般階層と裁量階層共通の家賃算定基礎額です。

　なお、最低ランクの下限は、10万４千円ですから、これ以下の収入の場合は、同じ部屋については、収入の額にかかわらず同じ家賃になります。この家賃算定基礎額については、金額も階層（幅）も、条例で自治体ごとの規定を置く余地はありません。裁量階層の基準を政令（上限）とは違う額（政令より低い額）に定めた場合には、その額が当てはまる階層が、その自治体における収入要件を満たした入居者の最高額の階層となります。

　裁量階層の収入要件の額を超える収入に当てはめる家賃算定基礎額は、表に不要なはずです。

　しかし、公営住宅の利用関係においては、入居者の収入が入居収入基準を超えても、そのこと自体では退去義務は発生しません。入居収入基準を満たさない入居者が存在し得ます。よって、収入超過者の存在を予定して、その階層についての家賃算定基礎額が同法施行令２条２項の表に規定されているのです。

表10　公営住宅法施行令２条２項の家賃算定基礎額

	入居者の収入	家賃算定基礎額
A	104,000以下の場合	34,400
B	104,000超123,000以下の場合	39,700
C	123,000超139,000以下の場合	45,400
D	139,000超158,000以下の場合	51,200
E	158,000超186,000以下の場合	58,500
F	186,000超214,000以下の場合	67,500
G	214,000超259,000以下の場合	79,000
H	259,000超の場合	91,100

＊単位は円

表11　公営住宅入居による福祉効果（例）

	総年収 （上限）	家賃		近傍同種の家賃		軽減	
		額	A負担率	②額	B負担率	額②－①	率B－A
A	366	2.0	6.6	5.78	19.0	3.78	−12.4
B	394	2.31	7.0	5.78	17.6	3.47	−10.6
C	418	2.64	7.6	5.78	16.6	3.24	−9.0
D	447	2.98	8.0	5.78	15.5	2.8	−7.5
E	489	3.4	8.3	5.78	14.2	2.38	−5.9
F	531	3.92	8.9	5.78	13.1	1.86	−4.2
G	598	4.59	9.2	5.78	11.6	1.19	−2.3
H	679	5.30	9.4	5.78	10.2	0.48	−0.8
高額	680	5.78	10.2	5.78	10.2	0	0

＊額は万円。率は％。４人家族の例（控除は同居のみ）

6　家賃の決定

　家賃算定基礎額に、次のような住宅ごとの要素を掛け合わせていき、家賃を決定します（公営住宅法16条１項）。

　家賃＝①家賃算定基礎額×②規模係数×③立地係数×④経過年数係数×⑤利便性係数

　家賃の最高額は、同程度の立地や広さなどを備えた民間住宅の家賃を参考にした額とされています。その家賃を「近傍同種の住宅の家賃」といいます（同項）。近傍同種の住宅の家賃の考え方や具体的な算定式は法定されています（同法施行令３条）。

表12　家賃決定の各要素

	概要	内容
①家賃算定基礎額	入居者の収入に応じた額	階層別に法定
②規模係数	広さ（65m²基準）	その住宅の広さ÷65
③立地係数	自治体ごとの定数	自治体ごとの数値。国土交通大臣が定める。0.7～1.6
④経過年数係数	新しさ・古さ	部屋ごと。1－（0.010～0.0039）×経過年数
⑤利便性係数	場所や設備の便利さ	部屋ごと。固定資産税評価額、市街化区域・調整区域の別、浴室やバルコニーの有無などによって、自治体が定める数値。0.5～1.3。

表13　公営住宅の募集用の一覧表（例）

部屋	家賃（認定月額　円）						
	一般世帯				—		
	年長者世帯・障害者世帯						
	0～104,000	104,001～123,000	123,001～139,000	139,001～158,000	158,001～186,000	186,001～214,000	214,001～259,000
X団地201号	30,000	33,000	36,000	39,000	42,000	45,000	48,000
Y団地403号	27,000	29,000	31,200	32,300	34,100	36,300	38,300

○公営住宅法

（家賃の決定）

第16条　公営住宅の毎月の家賃は、毎年度、入居者からの収入の申告に基づき、当該入居者の収入及び当該公営住宅の立地条件、規模、建設時からの経過年数その他の事項に応じ、かつ、近傍同種の住宅の家賃（次項の規定により定められたものをいう。以下同じ。）以下で、政令で定めるところにより、事業主体が定める。ただし、入居者からの収入の申告がない場合において、第34条の規定による報告の請求を行つたにもかかわらず、公営住宅の入居者がその請求に応じないときは、当該公営住宅の家賃は、近傍同種の住宅の家賃とする。

2　前項の近傍同種の住宅の家賃は、近傍同種の住宅（その敷地を含む。）の時価、修繕費、管理事務費等を勘案して政令で定めるところにより、毎年度、事業主体が定める。

3　第1項に規定する入居者からの収入の申告の方法については、国土交通省令で定める。

4　事業主体は、公営住宅の入居者（介護保険法（平成9年法律第123号）第5条の2第1項に規定する認知症である者、知的障害者福祉法（昭和35年法律第37号）にいう知的障害者その他の国土交通省令で定める者に該当する者に限る。第28条第4項において同じ。）が第1項に規定する収入の申告をすること及び第34条の規定による報告の請求に応じることが困難な事情にあると認めるときは、同項の規定にかかわらず、当該入居者の公営住宅の毎月の家賃を、毎年度、政令で定めるところにより、同条の規定による書類の閲覧の請求その他の国土交通省令で定める方法により把握した当該入居者の収入及び当該公営住宅の立地条件、規模、建設時からの経過年数その他の事項に応じ、かつ、近傍同種の住宅の家賃以下で定めることができる。

5　事業主体は、第1項又は前項の規定にかかわらず、病気にかかつていることその他特別の事情がある場合において必要があると認めるときは、家賃を減免することがで

きる。

6　前各項に規定する家賃に関する事項は、条例で定めなければならない。

7　家賃決定における根拠条文の引用関係

　公営住宅法においては、条文間の引用が繰り返されます。一方で、条文数や規定の対象は少ないので、一定のパターンがあります。

　一般の家賃決定、収入超過者の家賃決定、高額所得者の家賃・損害賠償金の決定方法における引用関係について、整理しておきます。

表14　公営住宅法における家賃の決定根拠相互の関係

	家賃額	未申告の場合	申告方法	減免	猶予	条例事項
家賃の決定 （16条）	1項	1項但し書き ＊近傍家賃	3項	5項	19条	6項
収入超過者 （28条）	2項	同上	同上（3項で準用）			
高額所得者 （29条）	6項、7項 （損害賠償額）	―	―	同上（9項で準用）		

＊近傍同種の住宅の家賃

8　未申告の場合の措置

　入居者が収入の申告をしない場合には、入居者に対して報告（申告）の請求を行います（公営住宅法34条）。それでも、申告しない場合には、勤務先や税部門に対して、収入を把握するために必要な資料を提出するよう求めることができる、つまり、職権での調査ができます（同条）。

　この調査は、収入超過者や高額所得者であるかどうかを判断するためのものです。調査の結果がどうであれ、申告しなかった入居者に対しては、未申告者に対する措置として、家賃が近傍同種の住宅の家賃の額に決定されます（同法16条1項但し書）。

　なお、未申告の者が高額所得者である場合は、未申告ではなく高額所得者であることを理由として、近傍同種の住宅の家賃が決定されます。高額所得者の

家賃の根拠である公営住宅法29条６項（高額所得者は近傍同種の住宅の家賃とする。）は、未申告の場合には近傍同種の住宅の家賃に決定するとした同法16条１項の適用を除外しているからです。

表15　未申告の場合の家賃決定

	①申告の請求	②職権調査	③家賃の決定
健常者	○	○（①に応じない場合）	近傍同種住宅の家賃
認知症の者等	―	○	通常の家賃

9 収入が超過した者への措置

公営住宅の入居申請に際しては、収入が一定金額以下であることが、要件として定められています（公営住宅法23条１号）。しかし、入居後に、本人の収入が増えたり同居者が就職したりして、収入が入居収入基準を超えるとも想定されます。

このような、収入が超過した者（収入超過者）については、公営住宅法が公営住宅への入居者として予定している「住宅に困窮している低額所得者」ではないので、何らかの措置を採るべきであると考えられます。

公営住宅法では、収入が超過した者を次の三段階に分けて、家賃の決定や明渡しについて定めています（同法28条及び29条）。

① 入居している期間が３年未満の入居者

・措置なし

② 入居期間が３年以上で、入居収入基準を超える収入がある入居者

・近傍同種の住宅の家賃を上限として、段階的に割増の家賃を決定

・部屋の明渡しを指導

③ 入居期間が５年以上で、かつ、連続した２年間にわたって31万３千円を超える収入がある入居者

・家賃を近傍同種の住宅の家賃の額に決定

・明渡し義務の発生。期限（請求から６月以上の期間を置く）を定めて明渡しを請求

・期限経過後は、近傍同種の住宅の家賃の2倍の金銭を損害賠償金として請求

実務においては、②を「収入超過者」、③を「高額所得者」と呼んでいます（公営住宅法上の定義ではありません）。本稿でも、この呼称を使用します。

表16　未申告の場合の家賃と措置

前々年度 （初年度）	前年度	当年度（未申告）	収入超過者認定	近傍同種家賃
収入超過	収入超過	収入超過	3年目	○
		収入超過でない	×（3年目）	○
	収入超過でない	収入超過	1年目	○
		収入超過でない	×（1年目）	○
収入超過でない	収入超過	収入超過	2年目	○
		収入超過でない	×（2年目）	○
	収入超過でない	収入超過	1年目	○
		収入超過でない	×（1年目）	○

＊（　）のように収入超過者とする取扱いを行っている自治体もあるが適切ではない。

表17　収入超過者制度と高額所得者制度

	基準	入居の継続	家賃又は金銭
収入超過者 （法28条）	入居資格の収入基準 （法23条）に同じ	明け渡すよう努めな ければならない	本来家賃＋近傍同種の住宅の家賃との差額×1/5〜5/5
高額所得者 （法29条）	原則として、313,000 円超（令9条1項）	明渡し請求によって 明渡し義務が発生	近傍同種の住宅家賃。明渡し請求後は、近傍同種の家賃の2倍の金銭

＊法ー公営住宅法、令ー同法施行令

10　収入超過者制度

　3年間以上継続して入居し、条例で定める収入要件を超える収入を得ている者については、部屋をなるべく明け渡すように自治体が促すことが定められています（公営住宅法28条1項）。

　また、割増の家賃制度が設けられており、最終的には近傍同種の住宅の家賃と同じ額の家賃を負担することとされています。3年以上継続して入居していることが要件ですから、入居して4年目から適用される制度です。

実質的に入居資格を失っている入居者に対して、ペナルティーを課して、それでも自主的に退去しない場合には、民間の賃貸住宅と同じくらいの家賃を負担させ、公営住宅に入居しているという経済的なメリットをはく奪してしまおうという趣旨です。

　３年間という継続した居住を要件としているのは、収入には年によって多少の増減があるので、退去させるべき恒常的な収入超過者であるかどうかを判断するためです。

　入居資格のうち、収入要件を満たしていることについては、一般の入居者（一般階層）は25万９千円以下の金額で、公営住宅法施行令６条１項で定める15万８千円を参酌して、つまりは、十分に参考にしたうえで、条例で定めることとされています。また、高齢者・障害者等（裁量階層）については、25万９千円以下の金額の範囲で、条例で定めることとされています。

　仮に、一般階層の入居収入基準を15万８千円、裁量階層の入居収入基準を25万９千円とすると、収入超過者とは、それぞれの収入要件の金額を超える収入がある入居者を指すことになります。

　「収入超過者に認定する」という行政処分や法的な決定が制度としてあるわけではありませんが、割増の家賃を課す場合だけではなく、収入超過者、つまり収入が入居収入基準を超えた入居者に対しては、以下のことを知らせる必要があります。

・　収入が入居収入基準を超過していること。
・　このまま収入が超過していれば、翌年度（あるいは○年後）からは割増の家賃が課され、その額は・・円となる見込みであること。

表18　収入超過者の家賃（一般階層の例）

	186,000以下	186,000超〜214,000	214,000超〜259,000	259,000超
1年目	家賃＋差額1/5	家賃＋差額1/4	家賃＋差額1/2	近傍家賃
2年目	家賃＋差額2/5	家賃＋差額2/4	近傍家賃	同上
3年目	家賃＋差額3/5	家賃＋差額3/4	同上	同上
4年目	家賃＋差額4/5	近傍家賃	同上	同上
5年目以降	近傍家賃	同上	同上	同上

＊差額−家賃と近傍同種の住宅の家賃との差額　＊単位は円

　実務上は、「収入超過者」とは、「3年以上入居。入居収入基準超過」の入居者を指しています。しかし、公営住宅法28条における収入超過者とは、入居してから1年目であっても2年目であっても、とにかく収入が基準よりも超過しているすべての入居者を意味します。

　この点について、理解のポイントは二つです。

① 「高額所得者」の根拠条文である公営住宅法29条には、見出しが付けられていないこと

② 公営住宅法28条に「収入超過者」についての定義が置かれていないこと

　①は見出しがないということは、前の条と同じ対象や趣旨を持った条文であるから、つまり、前の条と同じ見出しになるからです。同法29条は、見出しを付けるとしたら（見出しを省かなかったら）、「高額所得者に対する措置等」ではなく「収入超過者に対する措置等」となります。

　また、②について、定義がないということは、「収入超過者」には公営住宅法に固有の意味はない、一般的な「基準から収入が超過している入居者」という意味であることを示しています。

　よって、公営住宅法28条、29条は収入が超過している入居者に対する措置を2条にわたって規定しているのだということになります。

　その措置の内容として、入居後1～3年目の入居者に対しては、措置が示されていないので、彼らを除いて、便宜上、法28条の措置の対象を「収入超過者」、同じく同法29条の対象を「高額所得者」と呼んでいるのです。

表19　収入超過者と高額所得者の定義

入居後の期間	収入	条文上	実務上
2年以下	収入基準超	収入超過者	―
3年以上	収入基準超	収入超過者	収入超過者
5年以上	31万3千円超	収入超過者	高額所得者

公営住宅法における収入超過者の基準の根拠は複雑です。条例で定めた入居決定の際に用いる収入要件（同法23条）がそのまま収入超過者の基準となるのですが、根拠条文は以下のような、繋がり（委任の関係）になっています。

○公営住宅法（一部略）

（収入超過者）

第28条　公営住宅の入居者は、当該公営住宅に引き続き3年以上入居している場合において政令で定める基準を超える収入のあるときは、当該公営住宅に明け渡すように努めなけらばならない。

↓

○公営住宅法施行令（一部略）

（法第28条に規定する収入の基準及び収入超過者の家賃の算定方法）

第8条

　一　法第23条第1号イに掲げる場合　同号イに定める金額

　二　法第23条第1号ロに掲げる場合　同号ロに定める金額

↓

○公営住宅法（一部略）

（入居者資格）

第23条

　一　その者の収入がイ又はロに掲げる場合に応じ、それぞれイ又はロに定める金額を超えないこと。

　　イ　入居者の心身の状況又は世帯構成、区域内の住宅事情その他の事情を勘案し、特に居住の安定を図る必要がある場合として条例で定める場合　入居の際の収入の上限として政令で定める金額以下で事業主体が条例で定める金額

　　ロ　イに掲げる場合以外の場合　低額所得者の居住の安定を図るため必要なものとして政令で定める金額を参酌して、イの政令で定める金額以下で事業主体が条例で定める金額

↓

○公営住宅法施行令

（入居者資格）

第6条　法第23条第1号イに規定する政令で定める金額は、25万9千円とする。

2　法第23条第一号ロに規定する政令で定める金額は、15万8千円とする。

↓

○公営住宅条例（一般的なもの。要約）

ア　次のいずれかに該当する場合　21万4,000円

（ア）入居者又は同居者に、身体障害1級から4級、精神障害1級又は2級、知的障害1級又は2級の者がある場合

（イ）入居者が60歳以上の者であり、かつ、同居者のいずれもが60歳以上の者又は18歳未満の者である場合

（ウ）同居者に小学校就学の始期に達するまでの者がある場合

イ　ア以外の場合　15万8,000円

11　未申告の場合の収入超過者の認定

　入居者から収入の申告がなく、加えて、申告するように指導しても、なお未申告の場合、職権で所得を把握したうえで、所得の額に関わらず近傍同種の住宅の家賃が決定されます（公営住宅法16条1項、34条）。

　調査するまでもなく、未申告の場合は近傍同種の住宅の家賃となるのです。

　にもかかわらず、未申告の場合に収入の調査を行う理由は、収入超過者の認定や高額所得者の認定を行い、明渡しの行政指導や明渡しの請求を行うためです。家賃の決定のためではありません。

　ここで、課題となるのは、未申告で職権調査の結果、収入の額が収入超過者に相当するものではなかった場合です。

● 家賃の決定と収入超過者の認定は別であること

● 家賃の決定ではなく、収入超過者の認定のために職権調査（請求）の制度が設けられていること

　上記の制度趣旨からすれば、収入超過者の認定は適当ではないと考えられます。「近傍同種の住宅の家賃を決定するが、収入超過者ではない」ということになります。

　少なくとも、「申告しない者が悪いのだから」などという雑駁な理由だけで、

判断はしないようにしましょう。未申告については近傍同種の住宅の家賃が課されるという明確な根拠を持つペナルティーが用意されています。義務違反と不利益は根拠を持って釣り合っていなければなりません。

表20　収入超過者制度と未申告者制度との関係

収入申告	収入	家賃
あり	入居収入基準以下	一般家賃
	収入超過	収入超過者の家賃
	高額所得	近傍同種住宅の家賃
	明渡し請求後	近傍同種住宅の2倍の金銭
なし（職権把握）	入居要件以下	近傍同種住宅の家賃
	収入超過	近傍同種住宅の家賃
	高額所得	近傍同種住宅の家賃
	明渡し請求後	近傍同種住宅の2倍の金銭

＊「収入」とは、過去1年間の収入を12で割ったもの（月額収入のこと。公営住宅法施行令1条3号）
＊未申告の場合は、高額所得者として明渡し請求を受けるまでは、収入の額にかかわらず、近傍同種の家賃となる（同法16条1項）。

12　高額所得者

　収入超過者のうち、居住期間が5年以上で、公営住宅法における収入が2年間にわたって31万3千円を超える入居者に対しては、近傍同種の住宅の家賃を決定し、6月以上の期間を置いた期限を定めて明渡しを請求します（公営住宅法29条、同法施行令9条1項）。実務においては、この明渡しなどの対象となる入居者を「高額所得者」と呼んでいます。

　高額所得者の31万3千円の基準は、25万9千円以上、31万3千円未満の範囲で条例によって変更することができます（同法29条2項、同法施行令9条1項）。自治体の判断によって、高額所得者の要件を厳しくする余地自体は存在します。

　明渡し義務を伴うものなので、家賃を決定した際に、4年間以上居住している住民が31万3千円を超える収入があった場合は、翌年度も同じ収入があったときには、翌々年度には退去しなければならなくなることを、確実に告知して

おく必要があります。

　高額所得者であるかどうかの判断においては、同法施行令1条3号に定める家賃の算定における控除を行ったうえで、配偶者以外の同居者の収入については、それぞれ124万8千円を超える額だけを合算します（同法施行令9条2項）。これは、入居者の子どもが就職し、早期に独立を予定している場合などを想定したものです。

　実際に明渡し請求を行うに当たっては、申告内容に修正する余地はないか、特に、家賃の減額改定に繋がる退職、転職、雇用形態の変更などの事由がないかを再確認しておく必要があります。

　法的には、明渡しの請求は、予告ではなく契約解除権の行使ですが、明渡し期間中に申告を修正させて、明渡し請求を取消し（撤回）することも検討されてよいと考えられます。

○公営住宅法（一部略）

第29条　事業主体は、公営住宅の入居者が当該公営住宅に引き続き5年以上入居している場合において最近2年間引き続き政令で定める基準を超える高額の収入のあるときは、その者に対し、期限を定めて、当該公営住宅の明渡しを請求することができる。

2　事業主体は、区域内の住宅事情その他の事情を勘案し、低額所得者の居住の安定を図るため特に必要があると認めるときは、前項の規定にかかわらず、政令で定める基準に従い、条例で、公営住宅の明渡しの請求に係る収入の基準を別に定めることができる。

3　第1項の政令で定める基準及び前項の条例で定める基準は、前条第1項の政令で定める基準を相当程度超えるものでなければならない。

4　第1項の期限は、同項の規定による請求をする日の翌日から起算して6月を経過した日以後の日でなければならない。

5　第1項の規定による請求を受けた者は、同項の期限が到来したときは、速やかに、当該公営住宅を明け渡さなければならない。

6　公営住宅の入居者が第1項の規定に該当する場合において当該公営住宅に引き続き入居しているときは、当該公営住宅の毎月の家賃は、第16条第1項及び第4項並びに前条第2項及び第4項の規定にかかわらず、近傍同種の住宅の家賃とする。

7　事業主体は、第1項の規定による請求を受けた者が同項の期限が到来しても公営住宅を明け渡さない場合には、同項の期限が到来した日の翌日から当該公営住宅の明渡しを行う日までの期間について、毎月、近傍同種の住宅の家賃の額の2倍に相当する額以下の金銭を徴収することができる。

　公営住宅法29条の高額所得者に対する明渡しが、法的にどのような制度設計になっているのか、分析・検討してみます。ここでは、考えられる三つのしくみを提示します。

①　許可の取消＋明渡し

　「明渡し」は、行政処分ではなく、契約解除の申し入れであるというのが実務における一般的な理解のようです。これは、滞納や不正入居の場合おける明渡しについても同様です（同法32条1項）。

　しかし、住宅から退去させることが目的であるのならば、入居時に行った入居決定（許可）を取り消せばよいはずです。法的には、公営住宅の入居から明渡しまでは、本来、以下のような経過を辿るべきであると考えられます。

Ⅰ　入居決定（使用許可）

Ⅱ　家賃の決定（契約関係の発生）

Ⅲ　明渡し事由の発生

Ⅳ　使用許可の取消（入居する権利の消滅）

Ⅴ　明渡しの請求

　実際にも、公営住宅以外の公の施設における、違反行為などに伴う権利義務関係の解消は、「許可の取消」です。

　よって、公営住宅法29条1項や同法32条1項の明渡しの請求をするに当たっても、使用許可の取消を行ったうえで、明渡しを請求すべきであると考えられます。行政処分なので、一方的な効果があり、取消通知書が入居者に届いた段階でその部屋に住み続ける権利がなくなります。取消の要件は条例で定めます。

　その場合の明渡しの請求（Ⅴ）は、契約関係における明渡しの請求のように権利義務関係の解消自体を目指したものではなく、権利がなくなった後の始末に過ぎないということになります。

②　明渡し期限の経過による契約解除効果の発生

　高額所得者に対する明渡しの請求については、6月以上の期間を設けて期限を定めなければならないとされています（公営住宅法29条4項）。

この点について、許可取消を経ずに、契約関係において明渡しを行うと考え、さらに、明渡しの請求の際に設定した期間の経過をまって契約解除の効果が発生するという理解があります（多数派のようです）。民間における賃貸借契約の解約に適用される借地借家法に同様の規定があることがその理由として挙げられます（借地借家法27条1項）。

期限後に契約が解消されると考える意味としては、明渡しの円滑な実現のため（だけ）ではなく、明渡し期間内に明渡し事由の解消を図る機会を高額所得者などに与えることにもあると考えられます。

③　明渡しによる契約解除効果の発生

しかし、公営住宅における自治体と入居者との関係は、法に基づく契約関係であり、すべてを契約が存続しているかどうかという視点だけで把握していく必要はないと考えられます。むしろ、どの時点で契約関係（権利義務関係）が解消されるのかが明確になっていることのほうが、自治体行政における権利義務関係にとっては重要です。

よって、②と同じように「契約解除説」に立ちながらも、明渡しの期間の経過後ではなく、明渡しの請求時に契約が解除されるとしたうえで、契約解除後も明渡しの期限までは正当に居住することが公営住宅法29条によって認められていると考える余地もありそうです。

なお、②の場合もそうですが、「契約を解除する」ことと「許可を取り消す」こととは法的な意味が違います。前者は権利義務関係における一方当事者の主張、後者は法律の根拠に基づく権限の行使です。ただし、明渡しの場合は、法律に契約解除の要件が定められています（法律に基づく契約解除）から、両者の違いは相対的です。

①、②、③のどの考えにおいても、期間後は、居住する正当な理由が消滅しています。よって、もはや家賃（使用料）ではなく、違法にその部屋を使用しているという不法行為に基づく損害賠償金を請求することになります（公営住宅法29条7項）。

表21　公営住宅における権利義務の発生・継続・消滅関係

	一般の公の施設	公営住宅	民間の賃貸住宅
権利の発生	許可（行政処分）	許可（行政処分）	契約の締結
権利の継続	許可に基づく関係	契約関係	契約関係
権利の消滅	許可取消（行政処分）	許可取消又は 契約解除	契約解除

表22　公営住宅における権利義務の発生・継続・消滅関係（考察）

	明渡し義務の発生時	備考
①許可取消あり	取消のとき	
②許可取消なし	明渡しの期限が過ぎたとき	通説的理解
③許可取消なし	明渡し請求のとき	

13　減免の概要

　公の施設の使用料は、正当な理由があれば条例の定めるところによって減免することができます。使用料である家賃の減免は、自治法96条1項10号でいう「権利の放棄」に当たるからです。

　公営住宅の家賃については、公営住宅法に減免の根拠が置かれています（同法16条5項）。減免の基準については公営住宅法に規定はありません。各自治体（事業主体）の判断によって、それぞれ独自の減免制度が設けられています。

　なお、収入超過者（高額所得者も含む）の家賃についても減免することができます（同法28条3項、29条9項）。

14　減免の根拠

　家賃の減免については、法律（公営住宅法）に根拠が置かれているので、条例ではなく要綱などで要件、対象、額などを定めることができるはずです（同法16条5項）。

　この点につき、公営住宅法では、「管理について必要な事項を条例で定める」（同法48条）とされていますが、これが、「公の施設の管理に関することは条例

で定める」（自治法244条の2第1項）と同じ意味であるのならば、公の施設の使用料（家賃）に関することは、ここでいう「管理」には含まれません。

しかし、減免については、公営住宅法16条6項によって、やはり条例で定めることとされています。

〇公営住宅法（一部略）

（家賃の決定）

第16条

5　事業主体は、第1項又は前項の規定にかかわらず、病気にかかつていることその他特別の事情がある場合において必要があると認めるときは、家賃を減免することができる。

6　前各項に規定する家賃に関する事項は、条例で定めなければならない。

15　減免の要件

どのような場合に減免ができるのかという減免の要件については、法律に具体的な規定はありません。唯一、「病気にかかつていることその他」が挙げられています（公営住宅法16条5項）。法令の条文において、「その他」の前に置かれている場合は、例示ではなく具体的な項目（この場合は減免の要件）として決められていることを意味します。「病気＋α」が、公営住宅法の示す減免の要件であることになります。

しかし、病気にも程度がさまざまであり、また、他にも減免の対象になるべき事由は、たくさん考えられます。よって、実質的には、「病気にかかつていること」は例示として捉えるべきです。

また、同項の「することができる」は、権限の付与を表しています。減免が家賃決定の一部であることを考えると、制度を創ったうえで、具体的な場合について「減免するかしないか」についての裁量を与えたものではありません。

減免規定は絶対に置かなければならないか

家賃の減免については、「することができる」とされています（公営住宅法16条5項）。規定の文理からは減免するかどうか、つまり、条例で減免の制度を置くかどうかについて、一定の裁量が認められていると理解することができます。

しかし、以下の理由から、内容はともかく減免の制度自体は当然に条例に定めることが、法で予定されていると考えられます。

● 入居者は低額所得者であること。

● 家賃の負担は入居者の生活に直結すること。

● 滞納が生じた場合、明渡しの対象となること（同法32条１項２号）。

さらには、多くの自治体では、課税証明書や源泉徴収票などによって、収入を把握していることから、家賃の決定が過去の収入に基づいており、入居者における現在の経済状態と一定の乖離が生じ得ることも、減免が必要な理由として挙げられます。

失業などによる所得の減少があった場合には、家賃を決定し直すことは当然ですが、家賃の減額見直しに当たらない比較的短期的な収入の減少については、減免で対応することになると考えられます。

16 / 減免の具体的な基準

条例で定めることとなる減免の事由としては、一般的には、大きく二つのものが考えられます。

① 収入の大きな減少に繋がる事由

② 生活費の大幅な増大に繋がる事由

①は失業や事業の不振などが、②については、法に例示として挙げられている病気のうち長期の入院を伴うものや災害にあったことなど挙げられます。

実際には、減免の要件としての使いやすさから、理由を問わず、収入が一定金額以下である場合を減免の基準としている自治体も多いようです。

しかし、理由に関係なく、収入の額だけを減免の基準にしてしまうと、結局、法で定められた家賃の階層の下に、条例で新たな階層を追加しているのと同じことになります。

家賃算定基礎額（公営住宅法施行令２条２項）の最も下位の額を、実務上、「Aランク」と呼ぶことがありますが、収入金額だけに着目した減免基準の設定は、いわば、家賃算定基礎額の「A´ランク」を設定することになってしまうのです。

そこで、恒常的に収入が減免基準に該当する程度に低い場合でも、あくまで、建前として、「収入が低下した（×収入が低い）ため」を減免理由とする必要があります。形式的な作業に思えるでしょうが、これはとても重要な意味を持ちます。

17 / 減免の法的性質

　減免は住民の権利義務に直接関係する行為（作用）ですから、法的に評価すると行政処分又は契約（の変更）のどちらかになります。

　家賃の決定は契約の締結です（公営住宅法16条1項）。行政処分である場合は、主体が「事業主体（自治体）」ではなく、「事業主体の長（自治体の長）」と規定されます。減免についても、契約関係であることを前提として規定されています（同法16条5項）。

　よって、減免は、入居決定（行政処分。同法25条1項）にしたがって発生した入居契約関係における契約内容の変更に当たります。減免の申し出が減免の基準を定めた条例をもとに行う契約変更の申込みであり、減免の決定が、やはり条例の基準に従って行う、その申込みに対する自治体の応答です。

　なお、「申請」は行政処分に対応する用語です。減免を拒否した場合に審査請求や行政処分としての訴訟ができるとの誤解にも繋がります。減免について定めた条例の規定においては、「申請」ではなく「申し出」、「申込み」などの用語を用いることがより適切です。

18 / 減免と家賃決定との関係

　実際には、入居者の収入が一定金額以下である場合に、減免を行うとしている自治体が多いようです。この場合には、家賃の決定との関係において、以下のように対応することとなります。

① 失業、転職、雇用形態の変更などによる収入の減少の場合

　まず、家賃を現状の収入に合わせて認定し直す。家賃算定基礎額に変更が生じれば、家賃を改定する。そのうえで、さらに減免基準に該当していれば減免

を行う。

② 短期的な収入の減少の場合

　家賃の再決定（収入認定のやり直し）は行わない。減免の対象とする。減免基準に該当していれば減免を行う。

19 / 減免の始期と遡及適用

　収入が一定金額以下になった（一定金額以下である）ことを家賃の減免の要件としている場合については、収入が低下したことが前提なので、減免事由が解消された、つまり、就職、転職などによって収入が減免基準を超えることになった場合には、申告することを義務付けなければなりません。

　1年間の収入の確定を待つのではなく、減免基準を超える収入を得られる職に就いた時点で減免を取り消す必要があります。この点は、家賃の決定とは、適切であると考えられるしくみが異なります。

　そもそも、減免は、家賃の決定のように課税証明書や源泉徴収票を用いることは適当ではなく、雇用されている事業所の給与証明や年金証書によって、その時点での収入を把握したうえで行うべきものです。

　ですから、新年度家賃についての減免の決定の際の申告において、すでに前年度の減免期間の途中で、減免事由が解消していたことが判明した場合には、その時点に遡って減免を取り消し、差額を請求しなければなりません。

　過去に遡って減免できるかどうかについては、一般的には遡及しない（減免の申込みをしなかった入居者に損害が帰属する）ことになると考えられます。

　なお、公営住宅は、低額所得者に安価な家賃で必要な住宅を提供することを目的としています（公営住宅法1条）。減免、特に収入の額に応じて行う減免は、その中で、付加的な制度として運用されることが想定されています。

　このことから、減免は入居時からではなく、公営住宅への入居後の生活状況をもとに行うべきであり、入居して1年後から減免制度を適用することがより適切だと考えられます。

表23　家賃の決定と減免との違い

	対象となる収入	決定後に、決定基準を超える所得の増減があった場合	次年度の審査時に決定基準を超える収入増が判明した場合
家賃の決定	前々年の収入（源泉徴収票や課税証明）	収入増—変更しない 収入減—失業などの場合は変更（給与証明など）	変更しない
減免の決定	申込み時の収入（給与証明や年金受給資格者証など）	減免の取消や変更が必要（給与証明など）	遡及して取消・変更し、差額を徴収する。

第4章 公営住宅の管理における法的な課題

　公営住宅の管理においては、公営住宅法と自治体における財産管理や債権管理の一般法である自治法が、主な根拠となります。

　自治法よりも、公営住宅法の規定が優先的して適用されますが、行政財産の使用許可や使用料である家賃の徴収（決定を除く）などについては、自治法が適用されます。公営住宅法に規定がないからです。

1 公営住宅における行政財産の使用許可等

　公営住宅の敷地や建物は、それが自治体（事業主体）の所有であれば、行政財産に当たります（自治法238条）。よって、庁舎と同じように行政財産の使用許可（いわゆる「目的外使用許可」）の対象となります（同法238条の4第7項）。具体的には、自販機、電柱、ケーブル、コインパーキングなどの設置についての使用許可が考えられます。

　また、災害時における部屋の使用も行政財産の使用許可の対象です。住居としての公営住宅の使用ではありますが、公営住宅法の入居要件を満たして入居するのではなく、一時的な避難先や生活の場の確保のため、使用させるものです。根拠は、公営住宅法ではなく自治法です。

　行政財産としての使用の条件は、庁舎についての行政財産の使用と同じように、規則や要綱で定めることになります。公営住宅条例で定めるべき事項ではありません。公営住宅としての利用ではないからです。補助金の交付を受けている関係で、行政財産の使用に当たって所管省庁の承認を得ることが必要となる場合がありますが、そのことと利用関係の設定とは別の問題です。

　使用料も公営住宅法に基づく家賃ではなく、使用料条例による使用料を徴収することになります（自治法228条）。使用料の金額は、その部屋の最低額の家賃とする自治体も多いようです。使用料条例に置かれている「拠りがたい場合は、別に長が定める」という例外規定を受けて、使用許可の基準設定と併せて、「一時使用要綱」などを定め、使用料を決定することになります。

被災の場合は、公募の例外（特定入居）に当たります（公営住宅法22条）。よって、収入要件を満たしていれば、公営住宅として公募を経ずに入居させることもできます。

表1　公営住宅における公営住宅としての使用と行政財産としての使用

	公営住宅としての使用	行政財産としての使用
入居	○	
被災による使用		○
自販機などの設置		○

2　公営住宅における債権の消滅時効

公営住宅の管理において発生する債権についての消滅時効のしくみは、表2のとおりです。

家賃について、民法が適用になるという理解のもとで債権管理をしている自治体も多いようです。実際に、自治法を適用するように修正することは、困難であると思われますが、正しい理解は持っておくべきです。

表2　公営住宅の管理における債権の消滅時効

	消滅時効期間		時効援用の要否	適用法令
	令和元年度まで	令和2年度から		
住宅使用料	5年間		不要	自治法 236条
駐車場使用料	5年間		不要	
目的外使用料	5年間		不要	
未利用地の貸付料	10年間	5年間	要	民法 145条 166条
退去時の修繕費	10年間	5年間	要	
明渡し期限後の損害賠償金	10年間	5年間	要	

○地方自治法（一部略）

（金銭債権の消滅時効）

第236条　金銭の給付を目的とする普通地方公共団体の権利は、時効に関し他の法律に定めがあるものを除くほか、これを行使することができる時から5年間行使しないときは、時効によつて消滅する。普通地方公共団体に対する権利で、金銭の給付を目的とするものについても、また同様とする。

2　金銭の給付を目的とする普通地方公共団体の権利の時効による消滅については、法律に特別の定めがある場合を除くほか、時効の援用を要せず、また、その利益を放棄することができないものとする。普通地方公共団体に対する権利で、金銭の給付を目的とするものについても、また同様とする。

○民法（一部略。改正後。令和2年4月1日から）

（債権等の消滅時効）

第166条　債権は、次に掲げる場合には、時効によって消滅する。

一　債権者が権利を行使することができることを知った時から5年間行使しないとき。

二　権利を行使することができる時から10年間行使しないとき。

（時効の援用）

第145条　時効は、当事者（消滅時効にあっては、保証人、物上保証人、第三取得者その他権利の消滅について正当な利益を有する者を含む。）が援用しなければ、裁判所がこれによって裁判をすることができない。

3　公営住宅における延滞金の徴収

　公営住宅の管理において発生する債権のうち、家賃、駐車場使用料は、公の施設の使用料であり、延滞金徴収の対象です（自治法231条の3第2項）。

　実務においては、家賃や駐車場使用料について、延滞金は発生しないという誤った理解が見られます。公の施設の利用の対価は使用料であり、使用料には条例によって延滞金が発生します。督促の根拠についても同様に同条1項ではなく、自治法施行令171条であるという誤解が多くなっています。

　仮に、家賃が使用料でないとすれば、公営住宅は公の施設ではないということになってしまいます。

表3　公営住宅の管理における債権についての延滞金の徴収

	延滞金徴収の可否	督促の根拠
住宅使用料	可	自治法231条の3第2項
駐車場使用料	可	自治法231条の3第2項
行政財産の使用料	可	自治法231条の3第2項
未利用地の貸付料	不可	自治法施行令171条
退去時の修繕費	不可	自治法施行令171条
明渡し期限後の損害賠償金	不可	自治法施行令171条

○地方自治法（一部略）

（督促、滞納処分等）

第231条の3　分担金、使用料、加入金、手数料、過料その他の普通地方公共団体の歳
　　入を納期限までに納付しない者があるときは、普通地方公共団体の長は、期限を指定
　　してこれを督促しなければならない。

2　普通地方公共団体の長は、前項の歳入について同項の規定による督促をした場合に
　　は、条例で定めるところにより、手数料及び延滞金を徴収することができる。

○地方自治法施行令

（督促）

第171条　普通地方公共団体の長は、債権（地方自治法第231条の3第1項に規定する
　　歳入に係る債権を除く。）について、履行期限までに履行しない者があるときは、期
　　限を指定してこれを督促しなければならない。

4　公営住宅管理における債権の滞納処分

　公営住宅の管理において発生する債権についての滞納処分の可否は表4のと
おりです（自治法231条の3第3項）。

　滞納処分を行うためには、法律の根拠が必要です。公営住宅の管理でいえば、
公営住宅法又は地方自治法に規定が置かれていなければなりません。

　公営住宅の管理において、滞納処分ができる債権はなく、すべての債権につ
いて、最終的には民事訴訟による強制執行で、債権を実現することになります
（自治法施行令171条の2第3号）。

表4　公営住宅の管理における債権についての滞納処分の可否

	滞納処分の可否
住宅使用料	不可
駐車場使用料	不可
目的外使用料	不可
未利用地の貸付料	不可
退去時の修繕費	不可
明渡し期限後の損害賠償金	不可

○地方自治法（一部略）

（督促、滞納処分等）

第231条の３　分担金、使用料、加入金、手数料、過料その他の普通地方公共団体の歳入を納期限までに納付しない者があるときは、普通地方公共団体の長は、期限を指定してこれを督促しなければならない。

２　普通地方公共団体の長は、前項の歳入について同項の規定による督促をした場合には、条例で定めるところにより、手数料及び延滞金を徴収することができる。

３　普通地方公共団体の長は、分担金、加入金、過料、法律で定める使用料その他の普通地方公共団体の歳入につき第１項の規定による督促を受けた者が同項の規定により指定された期限までにその納付すべき金額を納付しないときは、当該歳入並びに当該歳入に係る前項の手数料及び延滞金について、地方税の滞納処分の例により処分することができる。

5　公営住宅における債権管理（まとめ）

　公営住宅の債権について、債権管理事務における基本的な項目である「消滅時効」、「延滞金徴収」、「滞納処分」についてまとめると表５のようになります。

表5　公営住宅における債権管理の基準（まとめ）

	５年で消滅・援用不要	延滞金徴収	滞納処分
住宅使用料	○	○	×
駐車場使用料	○	○	×
目的外使用料	○	○	×
未利用地の貸付料	×	×	×
退去時の修繕費	×	×	×
明渡し期限後の損害賠償金	×	×	×

著者紹介
森　幸二（もり　こうじ）

北九州市職員。政策法務、公平審査、議員立法を担当。「自治体法務ネットワーク」代表。15年にわたり、全国で職員、議員、民間の法務研修の講師として活動。財産管理制度の研修・講演も毎度多数。著作に、『自治体法務の基礎と実践〜法に明るい職員をめざして〜』（平成29年、ぎょうせい）、『1万人が愛したはじめての自治体法務テキスト』（平成29年、第一法規）、『自治体法務の基礎から学ぶ指定管理者制度の実務』（平成31年、ぎょうせい）、月刊「地方財務」（ぎょうせい）にて、「財政担当も知っておきたい自治体法務の基礎」（平成30年4月号〜平成31年3月号）、「財務担当者が知っておきたい！法務の基礎と考え方」（令和2年4月号〜令和4年3月号）など。

（令和4年3月現在）

自治体法務の基礎から学ぶ 財産管理の実務

令和4年4月15日　第1刷発行

著　者　森　幸二

発　行　株式会社 ぎょうせい

〒136-8575　東京都江東区新木場1-18-11
URL：https://gyosei.jp

フリーコール　0120-953-431

ぎょうせい　お問い合わせ　検索　https://gyosei.jp/inquiry/

〈検印省略〉

印刷　ぎょうせいデジタル株式会社

©2022　Printed in Japan

※乱丁・落丁本はお取り替えいたします。

ISBN978-4-324-11088-1
（5108772-00-000）
〔略号：自治体財産管理〕

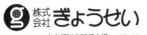